イオンを創った女の仕事学校

小嶋千鶴子の教え

岡田屋をイオングループに育てた創業家による「悩み相談室」

東海友和 Tomokazu Tokai＝著

プレジデント社

はじめに

二〇一八年の一〇月に拙著『イオンを創った女』を上梓いたしましたところ、本当にたくさんの方からおたより、ご質問を頂戴いたしました。これらをまとめてこのたび『イオンを創った女の仕事学校』と題して出版いたすこととなりました。

前著では小嶋千鶴子氏の生い立ちやその業績などを紹介しながらトップや幹部、あるいは働く女性などの応援歌ともいうべき事柄を縷々述べたところ、意外にも子育て中の方や年配の方からも小嶋千鶴子氏の凛とした生き方に共鳴され、指針としたいという感想などもいただきました。

今回は、仕事学校と題して、主題は「人と組織を活かす経営」ですが、長い人生において重要な位置を占める仕事に焦点をあて、「仕事とは何か」「働くとはどういうことなのか」「どうすればよいのか」をテーマにまとめました。

いただいたご質問や悩みに小嶋千鶴子氏のメッセージ、そこに私の解説、説明等を入れ、読者の方の悩みにお答えする形をとらせていただきました（なかには、一部、私のほうで小嶋氏の答えを読み取った部分もあります）。

実際に小嶋氏のもとで働いていたときにも、「君こんなこともまだ知らんのか」、一言で「違う」という叱責など、激しい応酬の連続を経験してきました。文章ではなかなか伝えにくいピンと張った「空気感」です。

そんな空気、言外の意味をくみ取っていただければ著者として冥利につきます。

それでは、どうぞ小嶋千鶴子の仕事学校の門をお入りください。

イオンを創った女の仕事学校〔目次〕

はじめに

第1章 トップの責任と仕事

第2章 部下の育成と管理

心を開かない人たち 071

Q 当社では少し配慮が必要な人を預かっています。
上司が配慮や関心がないこともあるのですが、なかなか心を開いてくれません。
このような人にはどのように接したらよいでしょうか。

リーダーシップの源泉 074

Q 経営者はリーダーシップをもっているものだと思うのですが、
経営者ならば誰でももっているものでしょうか。
リーダーシップがあるとは、一体どういうことでしょうか。

管理職に必須のソーシャルスキル 077

Q 当社では中間管理職をカットし、当初はそれなりに意味があったのですが、
どうも最近不具合が出てきました。
復元し、より有効に機能させるためには
管理職にどういう能力が必要でしょうか？

見ていてくれるという安心感で人は働く 080

Q 人はどんなときによく働くのでしょうか。

よき不満・悪しき不満 083

Q　最近部下とのコミュニケーションがうまくとれないでいます。
なんとなく、不満がある様子なのですが、
何も言ってこないのでとても気になります。

Q　私は話すことが苦手で、部下にもうまく思いを伝えられないでいます。
どうにかこの口下手を直す方法はないでしょうか。

Q　部下が、仕事に気持ちが入っている様子が見られず、
同じことを何度教えても、覚えようという意欲すらないようです。
どうしたら、仕事に対して取り組む姿勢を
見せてくれるようになるでしょうか。

Q　最近業績が悪化してきたのもあって、
トップや幹部が他人の言うことを聞きません。
トップダウンはそれなりの意味はあるのですが、
聞く耳もたずでは議論もできないと思うのですがどうでしょうか。

組織におけるポツンと一軒家 095

Q　一匹狼的な従業員がおり、他の人と組ませるとどうも成績が上がりません。
実力もついてきたので、一人部署として
より活躍できるようにしてあげようと思うのですが、
注意すべきことはあるでしょうか。

能力の見極め方 098

Q　人は使ってみないとわからないと言われますが、
人の能力を知るとはどういうことなのでしょうか？
そのポイントがあればお教えください。

第3章 組織の本質

機能集団と共同体の調和 102

Q　前の職場が派閥争いの激しい会社だったため、
自分でつくる会社は派閥などなく、
社員みんなが仲良く、風通しのいい組織にしたいと思っていますが、
そういった組織にもデメリットはあるでしょうか。

人心の一致と融合のために 119

Q ダイバーシティがうたわれていますが、異なった環境・境遇で育ち、
異なった経験をしてきた人たちを
うまく一つにまとめるのに有効な方法は何かあるでしょうか。

合併における近代経営への脱皮 122

Q 合併にはいろいろすべきことがあったと思いますが、
合併を成功に導くために必要なことは何でしょうか。
ちなみに私の会社は規模はそこそこですが、いわゆる同族経営です。

組織機能の点検と人材の棚卸し 125

Q 当社は製造業ですが、以前から組織構造も機能も人材も、
固定化・硬直化しているように感じます。
欠員の補充程度であまり変化もありません。
どうしたらよいでしょうか。

組織の赤信号 128

Q 組織運営や人の管理で
注意を要する兆候とはどんなところでしょうか。
なかなか気がつきません。

第4章 人事管理から戦略人事へ

組織の成長に伴う人事業務のあり方　142

Q 当社は現在まだ小さな規模ですが、将来大きくなるために人事業務をどう変えていけばよいでしょうか。

人事ロスが招くこと　145

Q うちでは人事のセクションがありません。総務の一環として存在するのですが、ほとんど機能していません。設置したいと思いますがどういう人物が最適かお尋ねします。

基準なき運用は弊害を生む　148

Q 人事異動は組織運営の要だと思いますが、上司と部下の関係で配慮すべきことはなんでしょうか。

採用行事から戦略採用への転換　150

Q 当社は外食産業ですが、採用に苦慮しています。多くの人材と経費と時間を割いてもなかなか採用できないし、退職率も高く困っています。

パート、アルバイトに関して、何かよい方法などありますか？

複数の人事制度をもつ 153

Q 今まで、一つの人事制度で対処してきましたが、最近、中途採用をし従来の当社の基準では対処できない状況になってきました。現職との調整もあり悩んでいます。どうすればよいでしょうか。

企業の生成発展に伴う課題と克服 156

Q 施工会社を立ち上げてから二〇年弱、社員も四〇名近くになり、ひととおりの組織としての形ができてきたように思います。今後、本格的に人事戦略を立てていくうえのアドバイスをいただけますか。

人材の見極め方 159

Q 取引先に、上司の前ではいい顔、取引先や部下の前では尊大で態度の悪い人を幹部として重用しているところがあります。どうしてそういう人を重用するのか、自分もそうならないか心配になります。

副業の正と負 162

Q 最近副業を認めることになったと聞きましたが、副業についてどう思いますか。

第5章 人材の発掘と自立人材の育成

第6章　プロフェッショナル仕事術

第1章
トップの責任と仕事

Q

先の見えない時代において、トップにとって最も重要な能力は何でしょうか。

小嶋千鶴子の教え

トップの仕事は「決断」することです。決断の基準となる多くの「定石」をもつことです。その「定石」を直面する課題・現在と将来に照らし合わせて決断することだと思います。

経営に台本はありません。特に新しく事業を起こす人には未知の世界への挑戦といった言葉がふさわしく、何もかもが予測不可能なことばかりでしょう。もちろんその事業分野の資料を収集・分析し、知識を得ているはずですが、それでも順風満帆とはいかないものです。

とはいえ、経営にも定石はあります。

小嶋千鶴子（以下小嶋）は経営の定石をもっていました。たとえば、イオンの前進である岡田屋時代のこと。第一次世界大戦後のドイツで、インフレになったことを神戸大学の平井泰太郎教授から学んで知っていたため、太平洋戦争後の日本にもインフレが来ることを予測し、岡田屋にあったすべての現金を商品に換え、大インフレを乗り切りました。

定石を身につけるには過去の出来事を知識化し、過去と現在の情報や資料を収集・分析し、現在直面する問題にどう参考にし、どう適応するかといった能力が必要になります。書物には偉人や成功者の伝記や成功の秘訣があふれており、その中にはいわゆる成功のエッセンスというか法則性に近い「定石」を見つけることができます。

しかし、それだけでは経営はできません。どれだけ資料収集や分析をしても、最後には経営者の決断力、実行力にゆだねられるからです。そして、決断するのに必要なのが「勇気」だと小嶋は言います。決断する勇気、やらない勇気、乗り出す勇気……。知識や経験のない勇気は、賭けであり「蛮勇」です。そうではなく、トップは「賢勇」とでも言うべき賢い勇気が最終的には必要でしょう。

Q

よく失敗には法則があると言われますが、それは本当でしょうか。どのようなことをしたら失敗するのでしょうか。

小嶋千鶴子の教え

世の中にそんなにうまい話はありません。「本業」は何か？　我が社の顧客は誰か？　何をなすべきか、何をしてはならないか？　を突き詰めることが大切です。しかしそうだといっていつまでも「本業」にこだわってもいけません。昔の繊維産業の大手のほとんどは現在では「医療器具産業」「自動車・航空機産業」に代わっています。ダーウィンの言う適者生存でしょう。

経営には野球のように一発逆転ホームランはありません。

一時期「勝ち組・負け組」という言葉が流行りましたが、その言葉を使えば、勝ち組には勝ち組となった理由があり、負け組には負け組の理由があるということです。

そして、負け組となる最大の要因は顧客を見失ったことでしょう。「顧客を見失う」とは会社の内側の論理を市場や社会の論理より優先することです。

バブル時代には今では想像もつかないことが当然のごとく行われていました。株価は上がり続け、土地や美術品も投機の対象として上がり続け、銀行は形だけの担保がありさえすればどんどん融資をして副業を勧め、老舗の旅館業などがゴルフ場経営に進出するなどしていました。誰も経済破綻するというようなことは考えていなかったのです。そして、気づくと何が本業かわからないほどに、あちらこちらの事業に手を染めていました。

当たり前のことですが、本業を見失った企業にその顧客が見えるわけもなく、結果、顧客さえも見失ったのです。

小嶋や弟の岡田卓也は、他業種への参入や金融商品への投資などはそもそも考えてもいませんでした。

それでも一つ痛い事故を経験しています。

一九九〇年、大阪・鶴見緑地の「国際花と緑の博覧会」でジャスコは会場内での交通システム「ウォーターライド」を運営することになりました。ところが開幕二日目に事故が起こり怪我人を出してしまったのです。このことがジャスコ全体のアタマを冷やすきっかけとなりました。

バブル時期（一九八〇年代後半から一九九一年前半）には当然ジャスコにもビジネスや投資など多くの誘いがありました。しかし、岡田卓也は「上がれば下がる・下がれば上がる」という家訓と、「本業」に徹するとして断固誘いに乗らなかったのです。

その結果、バブルが崩壊し、銀行は不良債権処理に追われ、多くの企業は体力を消耗し、なかには廃業に追い込まれるところもたくさんありましたが、ジャスコは危機から逃れることができたのです。

企業という生命体が生き残っていくには、自らを見失うことなく、一方で変化する社会に適応し続けること、また直面する危機をどうやって克服していくかに尽きます。

そして、そのうえで、顧客を見つめ続け、何をなし、何をなさざるかを追求し続けなければならないのです。

とても地味で地道な活動にほかなりません。

トップの存在意義

Q

私は二代目ですが、会社を一つにまとめ、どんどん新しいことに挑戦し、みんなを引っ張っていけるような経営者になりたいと思っています。どのようなことを心がければいいでしょうか。

小嶋千鶴子の教え

大きな夢を描くこと、決心すること、皆と共有することです。賛同させること、そこから始めなければなりません。つまり協力者(追随者ではありません)を得ることです。

トップの最も重要な仕事は、突き詰めれば①夢を描くこと、②到達する過程の目標を設定すること、③先頭に立ち、みんなから見える位置にいること、④決めること、⑤伝えることの五つと言ってよいでしょう。

①夢を描くことで重要なのは、できるかぎりビジュアル化して描くことです。あまり抽象化してもよくないし、具体化しすぎても想像は広がりません。

②到達する過程の目標で重要なのは、「期限を定めること」「定量目標・計測可能なもの」「定性目標」を組み合わせて設定することです。要は夢の道筋と一里塚です。

③見える位置にいるとは、逃げずにみんなからの拠りどころになるということです。物理的、心理的な距離感が遠くなく、あのトップなら信頼してついていける、そうみんなが思うことができ、実際ついてこられるようなところにいるということです。

④の決めるとは不確実・複雑・曖昧さがある中でも意思決定をすることです。トップは英知を結集し、分析し、最後には一人で意思決定をしなくてはなりません。やるべきこと、やらないことを決めるのはトップにしかできないことです。

⑤の伝えることとは、無機質な数字を並べて目標を上意下達することではありません。夢を描くことと同じように「ビジュアル化」し、みんなが創造・想像・共感できるよう伝えなければいけません。

そして、伝えることの前提として、縦と横の豊富で良質なコミュニケーションがあること。

そのためには傾聴と説得の技術が必要で、説得には理性と感情が伴います。つまり、人の感性に訴え、伝えることができなければいけません。

叱咤激励や注意、部下への指示や業績の評価、議論などはトップの仕事としてはある意味些末な事柄です。

大きな夢を描き、具体的な目標を設定し、自分を逃げない位置に置き、物事を決め、関係者にその思いを伝え続けることは、トップの存在意義そのものなのです。

Q

まだまだ小さい会社ですが、社会貢献的なことをやりたいと思っています。まわりからは、まずは利益だと言われるのですが、小さくても社会貢献はできるものでしょうか。

小嶋千鶴子の教え

企業が何をなすにも相手方からの「信頼」がないとできません。景気不景気にかかわらず、思いつきや一時的なことではなく、継続して行うことが肝要です。これもイオンに根付いた企業文化の一つです。個人にも当てはまることです。

企業は社会的構成員として活動を続けます。社会の一員である以上、その目的や行動が社会的規範、法律に準拠しており、適切、正常に機能しているものとして取り扱われるのは当然です。

「安全・安心・安定」の存在としてみなされているのです。

いわゆる企業や組織は社会との暗黙の契約をしているという認識です。暗黙の契約とはいっても、企業がまだ小さいうちはその契約内容は最低限の約束でよいでしょう。たとえば小売業で言えば、一物一価、営業時間を守る、不良品、欠陥品を売らないなど。

次の段階では社会や顧客の要望に合わせて期待を裏切らないということが必要になってきます。価格や品揃え、応対サービス等がその期待と同等、またはそれ以上が求められます。

もっと大きくなり社会的影響力が増すと、より高次の要望に応えなければならなくなります。いわゆる社会的責任です。事業以外でのメセナ活動、慈善事業、地域社会との連携、ボランティアなどの社会活動が必要になってきます。またそれが企業価値を高める要素にもなるのです。

小嶋や弟の岡田卓也は岡田屋時代から社会活動を実施していました。親を亡くした子供たちの育英会「風樹会」の設立や四日市駅前の樹木の植林・花畑の造営などに早くから取り組み、現在でも継続して行っています。

小さな約束事を守ることから段階を経て大きな責任、信頼へと発展させていくことがいいでしょう。

Q

起業をしたいと思っています。どうせなら上場を目指し、しっかりと事業として成功させたいと思います。何かアドバイスはありますか。

小嶋千鶴子の教え

公と私、金儲けについては一番悩ましい事柄でなかなか分離ができにくいことですが、一皮むけた経営者はこのことを昇華・通過していると言ってもよいでしょう。この壁が一流と二流の差かもしれません。

経営者の夢が自分の欲望を満たすだけであったなら、それは「私」の塊であり顧客や従業員の共感は得られません。

近代経営の原則は「資本」と「経営」の分離であり、仮にその分離はできていなくても、最低限「公」と「私」の分離は図らなくてはいけません。

この、何を公とし、何を私とするかは、経営者の哲学価値観そのものです。そのありようで、起業した経営者の人物・器量を推し量ることができるのです。

岡田屋では明治時代から、公（店）、私（奥）として経理を分離していたし、「店規則」という今でいう就業規則があり、資格制度、給与制度が定められていました。経理帳簿では収支勘定のほか見競勘定帳という今で言う貸借対照表が存在していたからおどろきでさえあります。

そのような先代の遺産・遺訓・帳票制度・店と奥の分離で育った小嶋や岡田卓也は「公と私」については非常に厳格に処しました。特に小嶋はジャスコになってからも「不正の温床となり組織が汚染される」として「公と私」を混同するものには容赦がありませんでした。

小嶋が私設美術館として創設した「パラミタミュージアム」にイオンから広報が来ただけで、叱り飛ばし、即、帰らせたほどです。

また「公と私」に加え、もう一つ悩ましいことがあります。

それは「お金を儲ける」ということの比重についてです。もちろん事業＝生活の糧を稼ぐという段階もあるため、経営者が事業の目的をお金を稼ぐこととしても一概に悪とは言えないでしょう。そのことが事業へのエネルギーとなる必然の要素でもあります。

しかしながら多くの人を使い、一定の規模になれば、そのことだけを目的にしてはならず、事業を「経営」することに専念しなければなりません。

ハロルド・ジェニーンもその著書『プロフェッショナルマネジャー』（小社刊）で「経営者は経営しなければならぬ」と何度も叫んでいます（「叫ぶ」というのはあくまでも比喩ですが）。

事業経営は、その結果の一部として「報酬」があるのであり、自己の蓄財へアタマがいったらその経営者は経営者失格であり、単なるお金の亡者です。リーダーシップは失墜するのです。

企業の武器——革新・先鞭性・独自性

Q

会社が落ち着いてきました。業績も従業員も安定し、売上は上がってきているし、社長の私が会社にいかなくてもうまくまわるようになりました。こんなときに気をつけるべきことはありますか？

小嶋千鶴子の教え

安定と停滞は同じような様相を呈します。ここに隘路があるのです。組織も個人も放置しておくとどうしても保守的になりがちです。変化を好ましいものである、変化が当たり前という組織風土をつくることです。

P・F・ドラッカーは、その著書『現代の経営』において企業の目的が「顧客の創造」とするなら、経営において欠かすことのできない機能としてイノベーションとマーケティングの二つを挙げています。

イノベーション（革新）とは、新しいことを取り入れ、旧弊を捨てること。この捨てることがなかなか困難ではありますが、これをやりつつ、一方で企業が大きくなるにつれて、ともすれば排除されやすい起業家（企業家）精神を醸成しなければならない。組織の中に意識して起業家（企業家）を育てる必要があるのです。

マーケティングとは「お客様満足のためのすべての行為」です。

小嶋のつくりあげた岡田屋・ジャスコ・イオンと連綿と続く組織文化には、そこに先鞭性と独自性が加わりました。

先鞭性とは他よりいち早く行うことであり、リスクもありますが、話題づくりも含め先行者利益を得ることができる可能性があります。

独自性とは他がやっていることと一味違うものをつくり出すという創造性です。

人より早くという先鞭性、そして人まねではない、他者とは違う独自性が、革新をもたらし、個人と組織を衰退させない秘訣であるのです。

二〇〇三年三月に小嶋の私設美術館「パラミタミュージアム」が開館した直後、「今までにない公募陶芸展をやりたいと思うが案をつくってくれへんか」と小嶋から言われ、いくつか提案したところ、すべて「こんなのどこでもやっているわな」と言って却下され続けること数回にわたりました。

これで行こうかという案がようやくできて、当時の著名な美術評論家に相談したところ、「こんなの聞いたことがない」と否定的意見でした。

小嶋にその意見をつけて提案したところ、「これにしよう」という結論でした。

「人のやらないことをやる」、小嶋の言う独自性とはこういうことかと納得したものです。

以来、「パラミタ陶芸大賞展」として現在まで続いており、全国に知れ渡るものとなりました。

経営が安定してきたからといってそこに安住すると、すぐに保守化してしまいます。そうならないためにも、常に変化を求めていくことが重要です。

Q

経営者として、成長のために
手を打っておかなければならないことをお教えください。

小嶋千鶴子の教え

貸借対照表に表れない「見えざる資産の蓄積」こそが最も重要で経営者が最初に手をつけるべき課題です。そして長い時間を要することも覚悟しなければなりません。

ジャスコ発足後十数年間で最も腐心したのは「見えざる資産の蓄積」だと小嶋は言います。資産の特徴は第一に蓄積可能なものであるということ、第二に、常に効率を追求していかねばならないということ、そして第三に資産の中には目に見えざる資産があるということです。

企業資産には、お金や建物などの目に見えて計算可能な資産と、「知識」「技術」「人脈」などのBSなど目に見えて計算することは不可能だが、蓄積が可能で、なおかつ効率的に蓄えていかなければいけない、そういった類の資産があります。

この「知識」「技術」「人脈」などの蓄積に何よりも腐心したと言うのです。

経営者が会社を自分の描く組織に適合させていこうとするとき、何よりも早く手をつけなければならないのが、この見えざる資産の蓄積です。なぜなら、お金や建物といった見える資産よりもはるかに時間と労力を要するからです。

これらの蓄積がないかぎり、立派な建物はできても、中身がなく実際の企業活動はおそまつといったことになってしまいかねません。張子の虎、砂上の楼閣です。

たとえば、イオンは小売店のため、その店舗は人材育成のための錬成の場でもあります。そこからすべてが始まり、経営努力のすべてが完結する場です。

「店の仕事は単調だという声を耳にすることがあるが、確かに仕事は単純化するだけではだめである。店で働く人には、その先、お客様の変化を察知し、それに対して素早い対応をするといった人間らしい、人間なればこその仕事をしてほしい。そのため店長はパートタイマーをはじめとして従業員に、お客様の変化、市場の変化について常に質問する習慣を身につけ、疑問に対しては的確なレクチャーをしなければならない」と小嶋は言っています。

岡田屋時代、ある店長に対して「店長として君の役割は業績を上げることはもちろんであるが、能力のある者を若いうちに発見して適切な指導や教育をすることも大きな店長としての役割や。にもかかわらず、なんや君は、自分のことばかり考えて。部下のことを考えないでは店長失格。そんなことでは大事な従業員を預けられへんな。一人でやる仕事に変えるぞ」と厳しい叱責を飛ばしたことがあります。

規模を変えて考えれば、それがそのまま経営者、部門長等が真っ先に手をつけるべき仕事だと言えるでしょう。

競争優位の戦略——競争力の原点

Q

自社がとるべきマーケティング戦略がはっきりしません。小嶋さんから何かご指摘、ヒントがあればお教えください。

小嶋千鶴子の教え

自社の資源・体力(技術力・人材力・財務力・設備力・収益力)等、棚卸しをして弱み・強みを把握して競争優位の戦略を考える必要があります。ジャスコの強みは営業・商品よりも人材で、人材力は一流と言われました。長い時間軸で見ればそれは当たりだったかもしれません。

競争のない独占企業ではマーケティングの知識も技術も必要ありません。ということはマーケティングの最終最大の眼目は「競争」に勝つということでしょう。

マイケル・ポーター教授は競争戦略として三つの基本戦略を挙げています。一つ目がコスト優位戦略、二つ目が差別化戦略、そして三つ目が集中戦略です。

最近ではもう一つの戦略を加えて、時間競争（クイックレスポンス）戦略を挙げて四戦略としています。

社会の変化や業界の変化、自社のライフサイクルのステージ、商品のライフサイクルによって取り入れる戦略は大きく変わるものですが、要はそれらの中からどの戦略をとるか。

コスト競争に終始すれば商品はコモディティ化し新規参入を容易にして、さらにグローバル化による海外生産でのコストの低下等「レッドオーシャン」になりがちでしょう。コスト競争はある程度の規模の経済が重要で、企業規模の小さいうちはコスト競争は避けるべきです。ただ、ある品目に集中してその分野のコストリーダーになることはいいでしょう。

差別化戦略とは、ブランド、技術力、品質、多品種などの「付加価値競争」です。

集中戦略とはある特定の地域・分野での地歩を築くドミナント戦略ですが、情報通信の発達などＩＴ技術によってグローバル化が瞬間的に起こりうる状況から見て、今日ではそれほど有利な戦略ではなくなってきました。

時間競争戦略とは製造期間の短縮・開発期間の短縮・流通の時間短縮など時間による勝負です。便利なコンビニ、アマゾンによる業態を超えた品揃え・クイック配達は手間がかからず、働く主婦や高齢者層を取り込み、共働き、高齢化社会の時代にますます繁盛しています。また、インターネット上で注文し、データを送れば、印刷物が届くというようなネット印刷も圧倒的なスピードと低価格で隆盛してきています。

小売業では、新しい業態・企業は「価格破壊」という形で出現してくることが多いように感じます。価格は顧客にとっても企業者にとっても重要ファクターです。かつて、一九七四年のジャスコ誕生間もない頃、日清食品のカップヌードルが爆発的な人気商品で、どこでも食べられるようにということからフォーク付きで売られていました。が、お客様の意見を聞くと、みなさん家で「箸」で食べているということでした。そこでジャスコではフォークをなくし、その分、安く販売したところ大人気となったということがあります。ムダを省くトップバリューのはしりでした。一方、サービス業ということで考えれば、人材力が一番の資源であるとも言えるでしょう。

最終的には、自社の事業の強み・弱みから、とるべき戦略を決定しなければならず、それこそが経営者の力量が試されるところであるのです。

Q

よく「度量がある」とか「懐が深い」と言われる経営者がいますが、どういった人のことでしょうか。

小嶋千鶴子の教え

権力は腐敗・劣化していくものです。私は経営においてあえて「アンチテーゼ」を投げかけました。それは反対意見側にも理路があり多様な意見を尊重し吟味して、最終的には個人の満足・不満足よりも「全体の利益」を優先することが大切だからです。

ダイバーシティとは、国籍・性別・人種・宗教・年齢・学歴・職歴等多様な人物を受け入れ、経営に活力と成果を生み出すことです。

が、ここでいうダイバーシティとは「異論」のことです。

異論をもつ者にも敬意を払い、異論を傾聴し受け入れるということです。

しかしながら実はこの反対であることが多く、異論や諫言に耳を貸さないばかりでなく、ややもすると、全く他者の意見を聞かない経営者が多々見かけられます。それでは従業員が何万人いようが、一人の存在と同じです。

異論や聞きづらいことを聴くには、忍耐も必要です。自分の存在を否定されているような、屈辱感や恐怖感も伴うかもしれませんが、経営層には涵養すべき能力の一つであることに間違いありません。

自己の個人の感情や満足・不満足というような判断基準ではなく、その意見は「会社の役に立つか、立たないか」で判断しなければいけません。

小嶋や弟・岡田卓也の両経営者を見て感じることは、心の広さとか懐の深さというものではなく、感情を殺した「合理性」です。

この基準でいけば、どんな人物であろうと戦力にすることができます。

岡田屋からジャスコになってからのことですが、外部から幹部が入社してきました。この幹部は今で言うトップダウン型で、人の意見を聞かず、部下には相当嫌われていました。小嶋にそのことを直言したところ「ああいう人も組織には必要なときもある」との答えでした。欠点を知りながら、今はそのほうが役に立つと判断したのでしょう。その後、その幹部の上に取締役をつけ、対処したということがありました。

ほとんどの人はその域に達せず、入口である感情で議論して排除してしまいます。だから人がついていかないのです。

経営のプロと言われる人が、意見を聞き入れられず去っていくというニュースもありますが、それはそのままその企業経営者の限界でもあります。

後継者育成のポイント

Q

弊社はいわゆる町の中小企業で、私が二代目です。現在、五二歳、そろそろ後継者が気になってきました。大学生の息子に継いでもらいたいと思いますが、その際に気をつけることは何でしょうか。

小嶋千鶴子の教え

いつの世も老人の跋扈こそが問題です。江戸時代では四〇代になると「隠居」するのが一般的でした。これも人間の知恵です。

経営者にとって次代（後継者）に経営を託すことは、最後にして最大の難関と言っていいでしょう。ある程度の規模の場合は、専門経営者（サラリーマン経営者）に託すことも多く、その場合には問題も多くはありません。誰がその地位に就こうと、組織・機構ができていれば、それが経営者を支えていくからです。

むしろ、前経営者が自分の時代を継承することにこだわったり、あるいは経営者を退いた後も影響力を誇示したいといったりする要求のほうが大きく、それが問題になることが多いものです。

一方、オーナー経営者にとっては、事業継承はそれよりもずっと悩ましい問題です。専門経営者と同じく、退いた後の問題も同様にありますが、まず後継者がいるかどうか。

帝国データバンクの二〇一七年の調査では、国内企業の三分の二にあたる六六・五％が後継者不在で、同族継承企業では、六六・九％が後継者不在とのアンケート結果が出ています。

さらに同族企業であって、後継者が非同族の企業は三・七％。ということは、ほとんどが子供か、子供ではなくても親戚関係にある人が継承しているということです。

ではその後継者を最初からその会社に社員として入れるか、他で一定の経験を積んでから戻すか。

前者のメリットは業務にある程度精通し、共に働く先輩・同僚・後輩との関係がスムーズにいくことです。本人にとっても将来経営者としてやらねばならぬという自覚が生まれやすくなります。

後者の同業他社や全く異なった業界に身を置き、一定の期間外部修業をさせるやり方の場合には継承する会社を客観的に見られること、また異なったスキルを身につけることができるなどでしょうか。外部の人と接していく場合の人間関係の処し方を身につけることもできるかもしれません。

いずれにせよ、同族企業の場合は、加えて財産分与の問題などもあり、会社内の問題を超えてさらに複雑さを極めることになります。

ジャスコの前身である岡田屋の場合には前者でした。商家としての環境に育ち、父母姉が亡くなった後は小嶋が二三歳で社長となりました。当初より、最終的に後を継ぐのは弟の卓也ということで、日本一の商人・経営者となるべく厳しく育てあげ、二〇歳となった卓也を早稲田大学在学中に社長にしました。

その後も小嶋は姉として、専門経営者として卓也を補佐し、ジャスコへと発展させ、「弟を日本一にする」と話していたとおり、日本一の巨大流通業の経営者へと育てあげたと言えます。

このようにどのような場合でも、後継者の選抜育成は難事業であるという覚悟が必要でしょう。継承に失敗して事業が衰退していく企業は山ほどあります。そのまま廃業というケースも多いものです。したがって、できるかぎり早くから後継者問題には取り組むべきです。

あとは本人の自覚と熱意・覚悟をもとに必要な知識・経験を積ませることに尽きます。そのためにも、早くからその任に就け、元経営者は高所大所からその都度教育していくしかありません。

一番困るのは継承が遅すぎることです。それでは後継者側が知識も経験も不足したまま任に就かなければなりませんし、それをバックアップするシステムも整備する時間が足りません。

それと、年寄りがいつまでも頑張ってしまうことも問題です。継承に早すぎるということはないのです。

三つの視点――行動の重視、顧客志向、人の重視

Q

コンサルタントに言われ、会社の経営理念をつくろうと思っているのですが、どのようなものがいいのでしょうか。

小嶋千鶴子の教え

業界によってはその経営者と話をしていても「お客様」という言葉が一回も出てこない経営者がいまだに存在する。とても違和感を覚えるが当人にとって顧客は遠い存在なのかもしれない。

トム・ピーターズ他著の『エクセレント・カンパニー』では、優良企業の特質として次の八項目を挙げています。

①行動の重視、②顧客志向、③人への着目重視、④自主性・企業家精神の尊重、⑤単純で小さな組織、⑥基軸事業への傾斜、⑦価値観に根ざした実践、⑧自由と規律の共存、です。なかでも最初の三つが最も重要であると説いています。

優良企業では、管理、権限、手続きや規定よりも行動が最も重視されているというのです。行動ありきは、「臨機応変主義」ということであり、官僚組織のそれとは真逆と言ってもいいでしょう。

②顧客志向は当然と言えば当然でしょう。

③人の重視は、これら八つの項目を果たすのは人です。また、企業の目的は顧客に対して価値を提供することであり、それらは人によってなされるということを考えれば、これもまた当然のことと理解できます。

ただし、ともすればこの「行動重視」「顧客志向」「人の重視」は「お客様を大切に」「人財」「行動・実践」などといった標語に終始して、額に入れて掲げるもそれだけで終わることが多いのも事実です。

小嶋は「行動を伴わない知識は知ったことにならない」と常々言い、自分自身も書物・先生などの教えを必ず実行しました。とにかく行動が先で、修正はあとからというのが彼女の行動指針とも言えるほどでした。

岡田屋、ジャスコを通じて小売業として顧客と日々接する業界としては、「顧客志向」「店は客のためにある」を欠かせば直ちに顧客から見放され、市場から放逐されます。

人の重視については専門経営者としての旺盛な知識欲、研鑽を発揮して、まるで会社が「臨床実験室」であるかのごとく新しい知識を人育てに実践し修正を加えていました。

ちなみに、小嶋は一九七九年、地域ジャスコと関連会社の憲法とも言うべき、「ジャスコ憲章」を制定しました。以後、連邦制経営を標榜することになるのですが、その制定の文章に「朱」を入れたのは、漢学者の安岡正篤でした。小嶋の依頼によるものです。

ぜひ、参考にしていただければと思います。

Q

創業して一五年経ちますが、なんとなくアタマ打ちになっているような気がします。業界的にももう先が見えており、どうすべきか悩んでいます。

小嶋千鶴子の教え

人や会社が成長するということは、自己革新しかなく、自分が変わればまわりが変わるのです。影響力の大きい企業の経営者が心すべき事柄の一つです。

企業の発展生成によって経営者が変わるのではなく、先に経営者が変わることによって会社が変わっていく、すなわち経営者の自己革新が先行するのです。

つまり、経営者の成長があって、その企業が成長するのであって、経営者が小さく満足すればそれまでですし、過去の栄光にすがればそれ以上の発展もありません。

成長を考える経営者は、些末とも思える事柄も見逃さず、反対に大きな事柄を小さく具体的な対象としてとらえる能力を備えています。

ピンからキリまで、部分ではなく全体思考でモノを見て、考えます。

そして、全体に対して「責任」を負うがために、その結果として「度量」が大きくなっていくのです。

「社長が若いころは私がいろいろ実務を教えたが、今ではどんどん大きくなられて私はついていけない。もう私は必要ではないかも」

私が岡田屋に入社したてのころ、昔からいた番頭格の役員のこの嘆きがとても印象に残っています。どんどん大きくなっていく社長に対しての喜びと、もう自分が必要ではないかもというさびしさの入り混じった感情でした。

誰のことか。

イオン名誉会長・岡田卓也のことです。

Q

経営理念を掲げる際に注意することはありますか。

小嶋千鶴子の教え

経営者には常に自社の「基本理念や企業文化」が現実に適合しているか、正と負の要素が調和し矛盾がないか、単なる標語になってはいないかの点検が必要です。実際の行動との不一致ほど従業員をシラケさせるものはありません。

企業が幼く脆弱なうちは、いわゆる「生存」が最優先事項です。経営者が腐心するのは「資金調達」であり「資金繰り」です。企業の目的は明確に何よりも利益追求を優先すべきです。でなければ、幼いうちに墜落してしまいます。たとえ、どれほどの理想をもって起業したとしても、起業家が最も留意すべきは帳簿上の利益ではなく、資金があるか。それに尽きます。

しかしながら、それらを乗り越え、一定の規模になれば「利益を超えた目的」の明示が必要となります。すなわち「我が企業の存在目的は何か」という理念が求められるのです。この理念の旗の下に人は集まり、活動し、顧客へ経済的・精神的付加価値を届ける役目を負います。

「理念」による経営が必要になるのです。

理念は創業者の価値観・生い立ち・生成発展から得た成功例、失敗例から得た教訓と、将来に向けた永遠のテーマ・ビジョンから成り立つことが多いものです。

正の面から見れば、ゆるぎない基本理念、基本理念を守ろうとする保守のチカラ、企業運営の最終判断の拠りどころとなり、この理念にそぐわない事柄や従業員は排除されます。そして、その組織は異物を受け付けない純度の高い組織となるでしょう。

その一方、負の面では進歩を妨げ、保守を促進し、企業家精神が育たず、異論ある者を排除することになります。

つまり、理念によってがんじがらめになってしまうと、企業文化・理念が時代に遅れ、変化する社会との隔絶を生むことになる可能性を秘めていることを承知しておくべきです。

また、小嶋は『あしあと』の中で次のように述べています。

「企業の社会的意義とか倫理といった抽象的なものでも、これをきちんと行動レベルで実現していくには、それに関わる制度を確立しなくてはならない。制度として具体的な方法を明示し、手続きとルールが明文化されて初めて行動に結びつくのである」

単なる標語にしないためのアドバイスです。

本当の経営者になるための関門

Q

投資話や新しいビジネスの話などをよくいただきます。とても魅力的で手を出したビジネスがあるのですが、引くに引けずに困っています。

小嶋千鶴子の教え

本当の経営者になるには、こんにちのこともさることながら、長い目でモノを見るとか、広い視野でモノを見る必要がある。そのためにはいろんな人と接するという場面が出てくる。これにはまたリスクも伴うが、これらは避けて通れない。その都度経営者が身につけていく涵養と思う。

これは、本物の経営者になるための関門であるとも言えます。

経営者や幹部への警鐘でもあるでしょう。

特に、起業したてのときはまっすぐにわき目も触れず、会社を運営してきた人物がある程度のところで行き詰まり、墜落するのはほとんどこういった局面です。

成長企業の経営者や幹部ともなれば、異業種との交流やさまざまな外郭団体でのお役目などを依頼されることもふえていきます。

なかには甘い言葉で言い寄ってくる不審な輩や、何かうまい話はないかと近寄ってくる人もいるでしょう。

しかし、ただ単に恐れ、避けているだけでは、成長の機会を失うことになります。

「長い目で見るとか、広い視野で見るとかのためには、いろんな人と接しなければいけないという側面が出てきます。それはある意味では、非常な誘惑に満ちた側面でもあります。それを承知のうえで、幅広い知識なり、体験をしていかなければなりません。これだけを取ってみても、人間として大変リスキーなことをしなければならないわけです」と『あしあと』の中で小嶋も述べています。

失敗を恐れすぎてはいけません。危険な誘惑と知りつつ、あえて体験し免疫をつけたり、判断力、人間力、自己統御力をつけたりして、学習の機会とする以外にその手だてはありません。

いろんな経験を経て、致命的な失敗を避けるある種の予知能力と、たとえ失敗しても復元できる精神的なしたたかさと力をつけることです。

特に権力は魔物であり、そこに擦り寄ってくる人はたくさんいます。権力に奢ることなく、何をよしとするかを自問自答し続けることが肝要です。

同時に「自分の本業とは何か」を常に胸に刻んでおくことです。

また、経営者候補や幹部候補には前もってそういったこともあるという前提で経験を積ませ、じっと待つ時間的な余裕と忍耐もコストであり投資の一つの形です。

ただし、趣味は別です。「経営者の趣味は退職後にせよ」というのが小嶋の口癖でした。趣味で集まる閥ができるのと、趣味はどうしても脇が甘くなるからです。気をつけたいところです。

Q

社長が忙しく、月一回の全体会議しか情報を伝える機会がありません。部下もそれに慣れてしまっており、随時の報連相がありません。今のところ大きな問題にはなっていませんが、非常に不安です。

小嶋千鶴子の教え

情報は発信するだけではありません。受け手である経営者が聞く耳をもたず、苦虫をかんだような雰囲気では誰も情報を入れません。よい情報だけが報告されるようでは裸の王様です。みんなが知っていて知らないのは経営者の自分だけということになります。不祥事の起きた企業のほとんどが経営者にとっては青天の霹靂だったのです。自分の行動が悪いのですが。

経営活動にとって情報は、人間でたとえるなら神経系統と言えるでしょう。神経系統は脳の指令を末端まで行き届かせ、また逆に末端から脳へ活動報告が上がってきます。神経が途中で寸断していれば、その先の臓器や会社の活動は暗闇の中での動きになってしまいます。

また、情報の流れは、血液循環器系でもあります。酸素と栄養を末端までくまなく行き届かせ、活動を終えた血液はその臓器の活動により新しい血液となりよき循環を生みます。組織内での情報のスムーズかつ縦横な流れは、組織の健康を守ることになります。

また、外部情報は企業のマーケティング活動によって加工され商品やサービスに変換して顧客に届けるという役割ももちます。

トップが扱う情報としては、次のことをアタマに入れておきましょう。

会社内を流れる情報には種類があります。①結果情報と原因情報、②直接情報と間接・経由情報、③直接影響情報と遠因的情報、④表面情報と潜在隠蔽情報の四種類であり、まずはこの判別をしなければいけません。

特に経営者が注意しなければならないのは、②と④でしょう。経営者の多くは他人を通じて情報を得ていますが、その情報には信ぴょう性も含めて、経由した人の意見・感情が入っているものです。したがってできるだけ直接情報を得る努力と、現場で何が起きているかといった現場想定力が必要です。

また、その情報は表面的なもので、真実は隠蔽されて流れる可能性があるということを心に留めておかなければいけません。悪い情報はトップの耳には入らない、届いてこないと考えたほうがよいでしょう。

また、情報共有化の深度というものもあります。深度一では事実情報の共有化（知っている・見た・聞いた）のレベルです。深度二では意味（目的）の共有化（わかっている・意味が通じる）、深度三のレベルは考え方・波長の共有化（心が揃っている・共感した・感動した・やる気が出たなど）です。

上下・部門間の情報のあり方、外部情報のあり方、情報の伝え方など、情報というものは研究すべきことの一つです。

それほど、考え抜いてやらなければいけないものです。

第2章

部下の育成と管理

Q

厳しくするとすぐ辞める、やさしくするとつけあがり、全く成長しようとしない最近の新入社員にどうやって仕事を教えればいいのか困っています。

小嶋千鶴子の教え

企業の中にも「未成熟」な人がいます。この人は一見「純粋」に見える場合もあるし、保護する対象であると判断を間違うこともあります。組織が機能するには未熟な人のままでは成果は上がりません。早いうちに責任ある仕事を与えて成長責任を自分自身に課すようにするのも一策です。

我々が仕事をしていくうえで最も留意すべき前提として「信頼関係」があります。この前提が得られないと何事も成就しないとさえ言ってもいいでしょう。

信頼を構成する要素は、信ぴょう性・信頼性・親密性・自己志向性であり、言葉・行動・感情・動機などがその領域となります。

たとえば、おしゃべりは信ぴょう性が低いとみなされ、無責任な行動は信頼性に欠け、技巧的な態度は親密性を疑われ、自己志向性が低ければ自立心のない人間に見られるといった感じです。

これらは「性格」「人格」と大いに関係しています。

本来的な性格は成長する過程において変化してきているはずですが、なかには未熟なままの人もいます。未成熟な人とは、①受動的（受け身）、②他者依存、③単純な行動、④浅い興味、⑤短期的な将来展望、⑥従属、⑦自意識の欠如といった性格・状態です。

これらはまさに子供の成長過程と同様で、いわゆる自我に目覚める、精神的独立をする反抗期など成熟する前の途中の段階です。

一方、成熟するとは、人生の通過儀礼を経て、あるいは職場での経験を重ね、地位と責任を得ることによって、自分で考え、自分にテーマを課し、能動的に変わったあとの状態です。それは他者依存から独立して、自ら責任を負うことができる状態でもあります。行動は単純な行動から多様な行動に変化し、一つの物事を解決するにも多様な視点から吟味し、行動がとれるようになります。

興味の幅も広く深くなり、高度な知識やスキルの獲得を欲します。したがって視点は近視眼的なものから、長期の展望に置くようになり、そのために今日何をなすべきか、どうあるべきか、自分の成長と仕事の成果・伸張に、より一層拍車がかかります。

これらを通じて、狭い範囲の自己認識から多面的・客観的に自分自身を見る「鏡」をもち、他律的な働きかけではなく、自分で自分を律する自己統制に変わるのです。

大人になっていても未成熟な人間は存在します。まずはそういった未成熟な人であるという認識のもと、成熟を促し、成熟することによって「信頼」のおける人物にすることが必要です。

心を開かない人たち

Q

当社では少し配慮が必要な人を預かっています。上司が配慮や関心がないこともあるのですが、なかなか心を開いてくれません。このような人にはどのように接したらよいでしょうか。

小嶋千鶴子の教え

心の健康を保つために、管理職には心理学や傾聴の技術、アサーションやコミュニケーション技術などが必要です。IQではなくEQの世界と言えます。今までの個人の経験だけの判断では間違いを起こすことになりかねません。

近年、職場で配慮が必要な人がふえています。

学校生活での勉強は「答え探し」が中心であったものが、社会に出てからは答えのない「モヤモヤとの戦い」「時間割のない終わりのない世界」に戸惑う若者がふえているようです。

さらには、適職など早々に見つかるわけでもないのに、一定の辛抱が足りず、職場になじめず、職を転々として「自分探し」の旅に出る人たちもいます。

また、昨今は学校生活自体にもなじめず、社会とのかかわりをもたないまま成人するケースもふえています。

経験を積むことによって得られることも多く、放縦な生活から規則正しい生活へと変えることによって本人の精神衛生状況が変わり、意識変化を起こせる場合もあるでしょう。

上司の役割も大きく、腹を割って真剣に向かい合う優れた上司などによって一皮むけることもあります。

また、中高年では家庭における責任の重圧、働くことで生じる、精神的・肉体的負荷や圧迫などによる「うつ状態」、上位職になりたがらない「上位志向の放棄」「精神的逃避・孤立」などさまざまです。すべてストレスから生じるもので、ストレス回避行動、ストレス適応不全行動となって表れます。

すでに経験によって身につけておかねばならないストレス耐性やレジリエンスが具備されていないか、過剰労働や人間関係など何らかのキッカケによって、挫折感、絶望感、無効力感、承認欲求が満たされないなどさまざまな出来事の集積によって配慮が必要な状況になることもあります。

小嶋はインフォーマルな組織にも眼を向けていました。「君の友人は誰や」「誰と遊びに行くんか」などを会話の端々にはさんでいました。フォーマルな組織よりも影響力があるからです。

いずれにせよ専門的な技術をもった人のカウンセリングや支援などが必要です。積極的に活用し、お互いがストレスなく仕事に就けるようにしましょう。

Q

経営者はリーダーシップをもっているものだと思うのですが、経営者ならば誰でももっているものでしょうか。リーダーシップがあるとは、一体どういうことでしょうか。

小嶋千鶴子の教え

朝から晩まで部下をガミガミ叱っている経営者を見たことがあります。横にいてとても不愉快になりました。指示命令がリーダーシップと勘違いしているのでしょう。こういう人に限って本当のリーダーシップをもった人を生ぬるいと思うのでしょう。そして重用する部下は自分以上に冷徹な人を選ぶものです。

「判断力に加えてもう一つ経営者にとって必要なのがリーダーシップ、つまり指揮統制していく力である。リーダーシップについては今日非常によく研究されている。学問としても確立されている。勉強する材料に事欠くことはない」と小嶋も『あしあと』の中で言っているとおり、リーダーシップについての文献は多くあります。著名人の伝記・行動からリーダーシップのあり方やその要素について抽出しようという試みですが、なかなか一般化しづらいのが本音でしょう。

リーダーシップは、創業者・経営者と呼ばれる人たちにはそもそも備わっている能力の一つです。

そうでなければ、その事業へ参画する者や追随者もいないはずです。その人についていく何らかのモノがなければ成立しない。それがリーダーシップです。

そのモノは報酬や名声といった功利的・金銭的なものだけではなく、かなり高い精神性も必要で、それこそが相互の「信頼」関係を生みだします。

軍隊や指揮命令順守の組織であれば、恐怖さえ覚える上司についていくことはあるかもしれませんが、それはリーダーの資格があるからではありません。その組織である種の身を守る術として追従しているだけでしょう。

では、よきリーダーとは何か。

仕事においてよきリーダーとは人柄ではなく、人々を動機づけ、自主的に働く人々を肯定し「その人に従うとよい気分になる」という相手方の気持ちと言えます。

一方、リーダーには自分の理想を押し付けるのではなく、ありのまま相手を受け入れる能力が必要です。また、相手の立場に立ってその人を理解する能力、過去にとらわれず現在の視点から人間関係や問題に取り組む能力、親しい人にも礼儀正しく接する能力、リスクが大きくても相手を信頼する能力、他者の評価や賛同者がいなくても行動できる能力などを有した人物、つまり精神的にかなり成熟した肯定的自己観をもつ人物であらねばなりません。

このようにリーダーシップは先頭に立つとか率先垂範といった部分ではなく、丸ごとの人間からにじみ出る「心の知恵」とでも言うべきものではないでしょうか。

管理職に必須のソーシャルスキル

Q

当社では中間管理職をカットし、当初はそれなりに意味があったのですが、どうも最近不具合が出てきました。復元し、より有効に機能させるためには管理職にどういう能力が必要でしょうか？

小嶋千鶴子の教え

ソーシャルスキルは本来的に有するものもいますが学習によって身につくものです。部下に説明、説得、仕事への意味づけ、そして協働の意識をもたせるのは人間同士の共感性や感受性です。これらをもち合わせていないと部下殺しの上司となります。

過去、バブルがはじけて日本は長い暗いトンネルに入りました。トンネルを抜け出すために多くの企業はリストラを実施し、人件費の削減のため、指揮命令の効率化のためといった理由で中間管理職をなくしました。

しかし、中間管理職は組織のいわば関節です。トップと部下をつなぐクッションであると同時に手足を自由に動かす機能をも果たすものです。トップからの指揮命令を咀嚼・加工して部下に伝え、部下の意見をとりまとめ上司に伝えることで、より自由で繊細な動きを可能にします。

部下の指導育成の責任も負い、仕事の進捗を管理する。つまりマネジメント職なのです。それを削ったことで、たしかに短期的には数字上での効果は出たことでしょう。

しかし、長い目で見ると、その結果は質問のとおりです。

小嶋が現場から離れたあるとき、「うちも、販売課長制度をなくしたそうやが、それで人は育つのか?」ということを私に聞いてきたことがありました。一時期、定期採用をストップしたときも同様の質問をされました。両方とも気になっていたのだと思います。

では、今後必要となる能力はというと、以前にもまして「ソーシャルスキル」が要求されるようになるでしょう。WHO(世界保健機関)では、このソーシャルスキルを「日常生活の中で出会う様々な問題や課題に、自分で、創造的でしかも効果のある対処ができる能力」と定義していますが、つまり社会の中で他人とふつうに生活していくことができる能力、ライフスキルのことです。

今日、このソーシャルスキルが低い人がふえつつあります。その中において、中間管理職の立場にある人もソーシャルスキルが低いと、部下をかまっている暇がなく、ますます成熟した社会人になれないまま脱落していく人がふえていってしまいます。

ハーバード大学のロバート・カッツは、一九五五年に『ハーバードビジネスレビュー』において、管理職に必要な三つのスキルとして、「テクニカルスキル」「ヒューマンスキル」「コンセプチュアルスキル」を説きましたが、今日ではもう一つ、このソーシャルスキルを加えたいと思います。

Q

人はどんなときによく働くのでしょうか。

小嶋千鶴子の教え

順境にあるときはよいのですが、人には不遇のときもあります。人事異動等の人事処遇には配慮が必要です。決して甘い処遇をすすめるのではありませんが人はその処遇の仕方によって自分の将来を見るものです。つまり舞台から降りていく人を見ているのです。たとえ不遇にあっても捲土重来の機会を与えることです。

人間は社会的動物ですから、群れから外れて一人では生活できません。孤島での一人ボッチの生活ほど苦しく意味のないものはありません。人が生きるということはただ単に生存しているということのほかに、「自分は役に立っている」という自己重要感のようなものが必要です。これは本人がそう思えるということが重要です。

一方、他人からの評価も大変重要で、人は個人として自分を認めてもらいたい、自分を理解してもらいたい、自分が役に立つ存在であることを認めてほしい、大切に扱ってほしいなどの「承認欲求」があります。このような承認欲求は誰にでもあり、これが他人からの評価によって満たされると、自分の価値により自信をもつことができます。

つまり、自分は役に立っていると本人が思えて、さらに他の人からも見られており、評価されているときによく働くと言えます。

しかしこれにこだわりすぎると、他人の目を気にして、自己をなくしてしまうことがあります。会社での失敗や左遷、人間関係の不具合によって「自分は役に立っている」という自己認識が崩れ、会社の一員としての連帯感をなくし、自分は見捨てられたと思うようになることがあります。

こうなると承認欲求が満たされるのと反対に、個人として認めてもらっていない、自分を理解してくれないなど自己否定が強くなったり、孤立感を強めることになったりします。

そのため、会社における失敗者への以後の処遇はとても重要です。左遷、転籍、降格、減給など科罰的な処遇をすると本人だけでなく、組織全体の「チャレンジの精神」を失わせる可能性があります。本人も喪失感、絶望感に陥ります。

会社においては、いつも誰かが見ていてくれている、頑張れば評価されるという安心感があって人は働くことができるのです。この場合の誰かとは「トップ」や「人事部」「上司」にほかなりません。

あるとき、仕事がうまくいかず、胃潰瘍で自宅療養中の私に、「今何もすることがなければ自宅にこないか」と小嶋が声をかけてくれたことがあります。

「はよ体を治して、仕事をまたやったらええがな」と言いながら、キッチンから大盛りのごはんとおかずをもってきてくれました。「食べな」と言うので、「私の病気は胃潰瘍です」と言うと笑いながら、「君は大食いやから」と。こういった心遣いで、より一層「頑張ろう」と人は思えるものです。

よき不満・悪しき不満

Q

最近部下とのコミュニケーションがうまくとれないでいます。なんとなく、不満がある様子なのですが、何も言ってこないのでとても気になります。

小嶋千鶴子の教え

不満は成長のあかしである場合があります。それと本当の不満を識別する眼力がいります。最後は上司が腹を割って真剣に接すれば人は動きます。話の上手下手ではありません。

不満は時としてさまざまなカタチをとって表面化します。すねる・反発する・拒否する・怠惰・反抗・抗議・非協力・無関心等々……。

問題は、カタチではなく、その原因が何かを探ることです。

上司の一見些細と思われる言動が、本人を大変傷つけることがあります。

たとえば、朝の挨拶の返事がなかった、名前を呼び捨てにされた、反対に呼び捨てにしてほしいといった小さな類のものです。これは、上司と部下の距離感によるもので、まだ部下が若いうちなどに起こりやすい問題と言えるでしょう。

他方、会議に呼び出しがなかった、ＯＪＴや教育の機会がない、改善提案をしても返事がない、や取り上げられない、重要な仕事、責任ある仕事をさせてもらえないなど比較的高次元の不満が出てくることがあります。

このような不満はよき不満であり、成長のあかしでもあります。


「ある日、上司の方針に異を唱えるものが出てくる。これは、部下が育ってきたことを示す重要な兆候である。上司は生意気な部下だと思いがちだが、決してそうではない。経営に自治の危機が訪れたことの現れであり、自分の部下が育ってきたことに気づくべきである。部下と競ってはだめで、彼らを大きく包み込まなくてはならない。不平や不満は、成長の証であるという認識、不平や不満の本質を見分ける知性、不平や不満を押さえつけな

いだけの寛容さ。これらは人の上に立つものにとって欠くべからざる資質である」（『あしあと』より）

また、根っからの不満分子もいて、いわゆる自己肥大型で、今の自分の不幸は他者のせいであるとする輩です。さらには、カタチとしては同様でも、もう一つ皮をかぶって表れる不満もあります。単なる自己の私的な不満であるにもかかわらず「正義」という皮をかぶって表れるのです。私的な不満に至極もっともな理由をつけ、他人を貶めたり、公の不満にすり替えてくるという、なんとも厄介な人間ではありますが現実には存在します。

かつて小嶋が手を焼いた人物がいました。不平不満を長々と書き綴った手紙を小嶋宅に送ってきたのです。一時期人事本部に席を設けて、いろいろと改善を試みましたが一向に治りませんでした。それどころか、「俺は人事にいると言って、他者に威圧を与えていました。小嶋も「これはあかんわ」と外に出しました。その後、店長だった私が店長付きで預かりましたが、結局のところダメでした。

最後のような極端なケースはまれですが、いずれにせよ上司は部下の心の動き・行動をいち早く察知、識別して適切な処置を施す必要があります。

Q

私は話すことが苦手で、部下にもうまく思いを伝えられないでいます。どうにかこの口下手を直す方法はないでしょうか。

小嶋千鶴子の教え

将来の姿があやふやであったら誰も人はついてきません。これは個人生活でも同じことが言えます。夢をもち、夢を追ったことが私の生涯を決めました。

小嶋も弟の岡田卓也も決して饒舌ではありませんが、話の中身は凝縮された本質を射抜いた言葉で、そこには意思の強さ、安心感、ついていこうと思わせる魅力があふれていました。それはたぶん両者のアタマの中には未来の完成図ができあがっており、その様を私たちに感じさせてくれたからではないかと思います。

成功した人に共通するのは、アタマのよし悪しよりも心的態度にあると大島淳一氏はその著書『マーフィー100の成功法則』で述べています。

心的態度とは真面目・正直・勤勉というものとは少し違い、ある種の知識・技術なのだと言います。平たく解釈すれば「心の置き方の知識・技術」ではないでしょうか。

心の置き方とは未来への構想力・想像力を駆使してグランドデザインを描くことです。全体構想であり、長期にわたる全体の設計図、道程の設計図でもあるでしょう。

優れた設計士は「建物完成図」をアタマに描いていると言いますし、優れた画家はデッサンする際には全体の構成・色の配色など完成した「絵」がアタマの中にできていると言います。映画俳優は映画の画面をアタマに描いてどう映るかを意識して立ち居振る舞いやセリフを発していると言います。

これは、経営も個人の人生も同じで、ある種のアーティスト的に自分のやりたいこと、願望を視覚化しているのではないでしょうか。

アメリカのキング牧師の「私には夢がある」から始まる演説の素晴らしさは、彼が望んでいる具体的な情景が聴いているこちらの目に浮かび、とても説得力があり、共感を覚えるからではないでしょうか。

流れるような演説でなくても、ビジュアル化し伝えることができれば、きっとまわりを動かすことができます。

当事者意識を育てる

Q

部下が、仕事に気持ちが入っている様子が見られず、同じことを何度教えても、覚えようという意欲すらないようです。どうしたら、仕事に対して取り組む姿勢を見せてくれるようになるでしょうか。

小嶋千鶴子の教え

当事者意識を醸成するためには、共有するものが三つあります。それは同じ情報の共有、同じ目的の共有、同じ結果の共有です。そのことによって傍観者ではなく、会社と一体となって協働する喜びをもつことになるものです。

小嶋は日常、情報のあり方、コミュニケーションのあり方、会議の仕方、傾聴方法、事務の流れ等、細かい事柄について口を酸っぱくして言っていました。

上司が部下に腹を割って情報を開示し現状を訴え、協力を求めたとしたら部下は「これほど信頼してくれている！」と感激をするものです。

『あしあと』の中では文房具店のパートタイマーを例に、面談をし意見を聞くことによって「パートタイマーのほうでも、自分の意見を尊重して聞いてもらえれば、今度は以前にもましてお客様の要望や意見を、気をつけて聞くようになる」としています。ただ、その際には「店長や上役としてではなく、仲間としての立場で話すことが大切である。試験の面接官のような態度は厳禁である」としています。

反対に情報を自分だけで取り込み開示しない上司がいたら、どう動いたらいいかわからなくなるし、「自分は信頼されていない」と心理的な距離感も開くでしょう。その果てに「勝手にどうぞ」ということになってしまいます。

小嶋は本社の人事スタッフも参加する全国の人事担当者会議を月に一度開催していました。その際、小嶋からの指示や訓戒訓示はなく、各員からの発表に対して短いコメントをするに留めました。

一方、できるだけ自分の情報は開示し、また各地域からの人事情報をつぶさに得、それらを全員に共有させていました。

人本主義の伊丹敬之国際大学学長は、経営は人・モノ・金に加えて「感情」と喝破していらっしゃいますが、部下の意見、やる気を出させるのに、縦横上下の豊富なコミュニケーションほど効果的なものはありません。

置かれている共通の目標に向かってのＰＤＣＡサイクルはよい結果を生むし、万が一にも不満足な結果であっても、その結果について共有することにより、より一体感や捲土重来の意識が生まれるものです。

豊富なコミュニケーションは信頼を生み、それぞれが当事者意識をもつことになり、それにより個人も組織も成長を促進させることができるのです。

Q

最近業績が悪化してきたのもあって、トップや幹部が他人の言うことを聞きません。トップダウンはそれなりの意味はあるのですが、聞く耳もたずでは議論もできないと思うのですがどうでしょうか。

小嶋千鶴子の教え

現職のころ傾聴セミナーを実施して管理職を訓練したことがあります。特に管理職や人事にたずさわる人には重要なスキルです。社員の定期面談やカウンセリングや会議の進行など傾聴の技術はこれからもっと必要になります。ワンマン、トップダウン経営とは議論をしないということではありません。それなら大勢の人は不要で自分一人いればよいことです。

最終の決断はトップがする、それは当然のことですが、聞く耳もたずでは困ります。

たとえば会議には、①意思決定のための会議、②問題発見・解決のための会議、③調整会議、④情報伝達会議、⑤アイデア会議、⑥部外者参画会議などがあります。いずれもメンバー相互の意見を反映、収斂して効果が出るものです。

しかし、悪いリーダーは会議を、①事前準備なくぶっつけ本番、②リーダーぶり自分ばかり発言する、③メンバーの発言をさえぎり批判する、④時間の観念がなく会議の効率を意識しない、⑤決定しない、あるいは自分だけで決定する、といった場にします。

真のリーダーシップは会議においては、他者に対する影響を考慮して、相互の資源を提供して、意見を交し合うというように発揮されるものです。

その意味では、特に②③⑤はたちが悪い。発信機だけをもち受信機を持たない人と言えましょう。これでは、むしろ会議を開かないほうが生産的とさえ言えそうですね。

これは会議という一面を例にした場合ですが、私たちは自分の意見を主張するより、他者の意見を聴く「傾聴」の意識をもち、その技術を身につけねばなりません。傾聴は相手の自尊心を守り、自己重要感を生み、よい心を引き出し、信頼関係を築く基礎となるものです。信頼関係のないところではリーダーシップは発揮できません。リーダーシップは相互関係ですから。

小嶋も岡田も人の話をよく聞きます。そして、聴いている途中で「パタと止まる」空白の時があります。特に機嫌が悪くなったわけではなく、聴いたことに対して何か考え事をしているのでしょう。この時間の長さといったらこちらとしては不安を覚えるほどで、とてもたまらない時間ではあります。それほど、黙ってこちらの話に耳を傾けてくれている証拠でもありましょう。

他人の話を聴くということは、相手をあるがままに受容することにほかなりません。上から目線ではなく、一人の人間として耳を傾ける。そのため、忍耐や体力、注意力が必要です。体力の衰えた人、関心が他にある人、余裕のない人には傾聴は不可能です。

一方、傾聴は技術ですから学ぶことが可能です。管理職以上の人には必須のソーシャルスキルです。

組織におけるポツンと一軒家

Q

一匹狼的な従業員がおり、他の人と組ませるとどうも成績が上がりません。実力もついてきたので、一人部署としてより活躍できるようにしてあげようと思うのですが、注意すべきことはあるでしょうか。

小嶋千鶴子の教え

今まで多くの人を見てきたが、人間はやはり社会的動物であります。組織全体のパワーを見る眼と、個人個人を丁寧に見る眼が必要です。私的なことを含めてです。組織が大きくなればなるほど、そういうことも起きうるのだという認識をもたねばなりません。大きくなったから見られないというのは、その任に就く人の責任放棄と単なる言い訳にすぎません。

テレビの番組にある「ポツンと一軒家」。テレビはおもしろいですが、組織において個人がポツンと一軒家的存在になることがあります。一つは組織として部下ももたず担当が一人部署の存在。もう一つは、関連会社へ一人で出向した（海外含む）場合です。

いずれの場合も、能力・意識が高い人物が対象になることが多くあります。ところが、最初はイキイキと活躍していた人物が時を経るごとに態度・風貌・身なりも変わっていきます。

組織人としてのある種の規律・らしさを失うことが多いのです。

一人担当部署の場合も同じで、自分自身がルールをつくるような振る舞いを見せるようになり、傍若無人になるか、あるいは、次第に能力も衰え、覇気もなく、ロイヤルティも希薄になってきます。

組織は機能集団かつ共同体であると別の項で述べましたが、もはや共同体の一員ではなくなってしまうのです。

私の経験でも、非常に能力評価が高かった人物がある日、あることを契機に突然風船の空気が抜けたように萎んでしまうのを多く目にしました。退社するわけでもなく、組織内にいて、自己の城をつくって立てこもり、まるで飼い主に裏切られ捨てられた犬のごとく牙をむくようになるのです。または魂を失ったごとく何もせず、空気的存在になってしまうのです。

原因は、誰も自分を見てくれていないという「孤立感」、認めてくれないという「疎外感」、何をしてもダメだという「無効力感」などであろうと推察はできます。

いずれにせよ、組織におけるポツンと一軒家はよい結果を生みません。

Q

人は使ってみないとわからないと言われますが、人の能力を知るとはどういうことなのでしょうか？
そのポイントがあればお教えください。

小嶋千鶴子の教え

人を見るとき、学歴や資格など目に見えることだけを見ているとその人の本当の能力を見誤ることがあります。人の心や内面はわかりづらいものですが、行動特性や習慣、態度といったものは、仕事を与えて観察するとよくわかるものです。

人の能力には顕在能力と潜在能力があります。

顕在能力とは言葉どおり現在表面に表れている能力、○○ができるというような比較的見えやすい能力、知識・スキル・資格・人脈などのその人がもつ資産などです。

一方、潜在能力とは本人も他の人も気づいていない能力（可能性など）を言います。これには人の行動特性やものの考え方、態度、習慣なども入ります。

思考・志向など、物事をどう行うかといった傾向・方向性、さらに内面深く、その人の心のあり方、価値観など意識や行動や物事の判断の基礎になる価値観・内発的な動機にも影響を及ぼしています。

層で分ければ、外層が知識・スキル・資格・人脈など、中層が行動特性・ものの考え方、態度、習慣などであり、一番核となる内層には、心のあり方、価値観、意識、動機などであると考えるとわかりやすいでしょう。

このように能力には本人も気づいている面と気づいていない面もあります。上司や他の人はなおさらわかりにくいものです。

さらに、本人の関心と興味と適性は必ず一致するとは限らないので、本人の言葉も当てにはなりません。

「人間は自分が得意だと思うことをやらせてもらえば、黙っていても働くものである（中略）私たちはどうしても目先にとらわれ、場当たり的に人を使ったり、短絡的に物事を判断しがちだが、人の履歴や記録の蓄積がなければ、正しい人の用い方はできないし、正しい物事の判断も難しい。これは私自身も幾度となく経験したことである」（『あしあと』より）

要は表面的なことではわからず、使ってみてはじめてその人の能力がどこに秀でているかがわかるということです。それに加えて、いろんな局面での対応の仕方、機会を与えるなど、上司の手綱さばきの巧拙によって変わってきます。人は千差万別、それを理解するには時間や相互の忍耐も要します。子育てと同様でこれらも投資のうちと思ってことにあたることです。

第3章
組織の本質

Q

前の職場が派閥争いの激しい会社だったため、自分でつくる会社は派閥などなく、社員みんなが仲良く、風通しのいい組織にしたいと思っていますが、そういった組織にもデメリットはあるでしょうか。

小嶋千鶴子の教え

日本でもグローバル化が進む中、機能集団的な要素が大きくなっていくことは否めないと思います。もうすでにプロフェッショナル集団の企業や起業したての会社は当初から機能集団的にして優秀な人材を確保しているところがあります。いずれにせよ組織のもつ側面、両面の長所をどう活かすか、または両面のマイナスをどう縮減させるかは人事制度の構築が欠かせない重要なポイントです。

組織編制とは、経営者の夢や願望、そしてより具体化した目標に対し構成員を一定の方向に向かわせるための手段です。

そのため、組織は階層という構造体で、機能を分解して分業とし、責任と権限を明確にして、各人のなすべきことは職務記述書（ジョブ・ディスクリプション）で明示した機能集団であります。

もう一つの観点から見れば組織は共同体としての側面をもちます。

共同体は他社との競争に打ち勝つための連帯感・結束力を生み出し、パフォーマンスを上げることに貢献します。

ただし、これが過ぎると仲間内の論理が優先して社会との乖離を生むことにもつながりやすくなります（不祥事の長年にわたる隠蔽などがこれにあたる）。また、仲良しクラブになり、お互いに傷をなめあう甘い連帯を生み出すこともあります。突出する人材を受け入れず、排斥し、刺激のない凡庸な組織体となりやすいのです。

日本では長く続いた「終身雇用」「年功序列」によって人材の横移動が行われず、就職ではなく〝就社〟というほうが近い状況でした。

そのため刺激と言えば、ジョブローテーションという何でも屋の育成に終始して、いわゆるプロ意識や専門家が育ちにくい環境下にありました。その中での競争と言えば、成果ではなく、階層のステップをいかに無難に上がるかであり、内向きの無用な消耗戦を引き起こすことも多々ありました。

機能集団と共同体という、この両面をもつ組織が、一方に偏れば殺伐とした機能集団となり、またもう一方に偏れば生ぬるく甘い集団となるのです。

小嶋は人事担当者会議の席上「ジャスコは比較的人間関係の問題が起きなかった会社の一つやな。反面、生ぬるいところもあるかもしれん。この調和が難しい」と話したことがありました。会社が成長期にあるうちはよくとも、一旦止まると人間関係の問題が一挙に噴出するということが往々にありますが、これも偏りの表れかもしれません。

会社基準から自己基準への変質

Q

人事異動にはなかなかの困難が伴うと思いますが、判断基準のようなものがあれば、教えてください。

小嶋千鶴子の教え

慣れはある意味、習熟として好ましいことではありますが、水は低きに流れるがごとく、もっともらしい理由をつけて、水準やハードルを自分で下げることがある、ということを承知しておかねばならないと言えます。

組織が正しく機能するには、職務基準を明確に定める必要があります。よくある階層別職能基準でも、職務権限規程でもなく、職務記述書が必要です。

たとえば、部長の職務はどういったもので、営業部長（職位）は何をなすべきかを記載し、基準をはっきりとさせます。人それぞれに与えられた「任務」と言ってもいいでしょう。

私が人事の相談にのるときには、最初に組織図を見ます。そしてその部門（営業・総務など）ごとの職群を聞き、そしてその次にこの人は何をする人（担当）か聞きます。すると、たいてい個別具体的には出てきません。

日本では、なかなかジョブ・ディスクリプションを明確にしている企業は少ないのが現状です。しかし、これがなければ、機能不全に陥る危険があります。海外の人材を採用するなどの場合には、なおさらこれが明記されていないと困るでしょう。

かといって、一度決めたらそれでいいかというと、そうはいきません。

最初に決めた会社基準はいつの間にか変質します。たとえばその業務が他部署と統合し、前任者とともに移動するといった場合があります。

また、担当する人の能力により大きく変質していく場合もあります。能力の高い人が担当した場合、業務範囲を広げ、深掘りしてその職務を充実させますが、能力の低い人がやるとその反対となるようなことがあります。でも組織上は同じ職位として表示されます。

もう一つ、これがとても怖いことですが、同じ職務に長期間携わると、「慣れ」が生じ、結果変質していくことがあります。自分のやりやすいように仕事を変えていき、新しいことへのチャレンジ意欲を失い、その任の安住生存だけに力を入れるようになり、質が低下・劣化していきます。果ては外部との遮断、自己の専門性を誇示して、他者の介入を極端に嫌い、往々にして不祥事の遠因となります。小人閑居して不善をなすがごとく、です。

そのため、職務評価を一定の期間ごとに行い、本人の申告と上司の期待する職務の両面から職務基準を見直す必要があります。

同時に、場合によっては一時期の業務停滞があったとしても健全な組織維持のために、このような人を異動によって取り換えることが必要です。それがまた本人にとってもよいことにつながります。

Q

側近、右腕がほしいです。
どういった人がいいのでしょうか。
また、どうすればできるでしょうか。

小嶋千鶴子の教え

双方のもち味を活かして、生成発展のライフサイクルによって用いることが大切です。そして企業の課題解決のためにどういう組み合わせがいいかなど考えることが重要です。私はトップの傍にアンチイノベーター型の人はできるだけ排除しましたし、人事担当にもその旨を申し渡してきました。

多分に性格的・本来的なものかもしれませんが、人材を二分すれば、イノベーション型（企業型人材）とアンチイノベーター型（オペレーション型人材）に分けることができます。

比率的にはアンチイノベーター型のほうが多いように思われますが、どちらがよくて、どちらが悪いということではなく、組織運営の中でその特性を理解したうえで用いる必要があるということです。

主な違いを挙げれば、基本姿勢は前者が企業家精神に対し、後者は官僚主義、興味の対象は前者が「新しく他者と違うこと」に対して、後者は「前例・横並び」、仕事や問題に対する姿勢は前者が「自ら探す」のに対して、後者は「与えられたものに忠実」というところでしょうか。

決まっていないことに対して前者は「愉快」と思い、後者は「不快」と考え、境界の考え方については前者は「意識せず全体」を考え、後者は「境界の中」で考え順守します。

組織の中における自分では前者は組織より個人を大切にして、後者は組織のほうが大きい。判断基準は、前者が「想像」と「直感」に依存し、後者は過去の「データ」と「論理」を優先します。

形式については、前者は気にせず、後者は重視します。

失敗に対するとらえ方は前者は「教訓にして前進」、後者は「二度とやらない」、リスクは「あって当然、リターンとのバランス」と前者は考え、後者は「最小化をねらう」といった特徴があります。

まるで正反対のように記述しましたが、単に二分しただけで、一人の人間の中に双方の要素があり、その比率によっていずれかの傾向となって表れます。

また、組織の中でイノベーター型が多くなれば、組織としての形をなさず、てんでバラバラになり、アンチイノベーター型が多いところでは、革新が行われず企業として成長を欠く。同時に、ともすればアンチイノベーター型が強い組織ではイノベーター型人材は駆逐され、輝きを失っていくか、他社に移るか、起業することが多くなります。

要は配合・調合の問題です。

あるとき小嶋が「うちの社長は変わり者を好むから、人事としてよく見ておくように。これも人事の仕事やから」と言ったことがあります。変わり者とは企業家・起業家的人物のことです。組織に縛られず行動するが故にはみ出し、暴走することも事実ありました。

小嶋と岡田の人の見る眼は、それぞれが補完する役目をもっていたのでしょう。

管理限界を点検する

Q

ようやく組織化できそうな規模になってきました。組織化するにあたり、まず気をつけなければいけないことは何でしょうか。

小嶋千鶴子の教え

組織編制や運用で心すべきことは、管理限界があるということを前提に考慮しておかないと、そこが落とし穴になることがあります。いわゆる牽制制度を組み入れておかないといけません。

組織づくりでの注意事項はいろいろありますが、一つには組織には管理限界があるということです。

管理限界とは管理と管理のはざま（空白地帯）とでも言うものです。

昔、ＭＴＰ研修では一人が管理できる部下の人数は六人から九人が限界だと言われていましたが、今日では単なる管理している部下の数ではなく、もっと広くとらえる必要があります。

時間・距離・国・習慣・宗教・人種・特殊な知識・特殊な技術・文化・歴史・言語など、ますます国際化が進み、はざまが存在しやすくなっているためです。

管理のはざまの存在を前提にしないと「壁」ができ、管理不能要因となってしまいます。

そういったはざまをなくすには、縦横なコミュニケーションをとることです。

管理限界が存在することを前提に、縦横なコミュニケーションと人事部による牽制機能（チェック機能）を設置することで、管理不能に陥り、組織が堕落していくことは防ぐことができます。

いわば、組織化とは、リスク管理なのです。

Q

組織づくりとはどういうことをするのでしょうか。どこから始めればよいでしょうか。

小嶋千鶴子の教え

私は岡田屋、ジャスコを通じて戦略部門の育成方法として「組織制度委員会」と「人事委員会」を設置しました。長期計画も含めて検討する委員会です。メンバーには若手も入れてその人たちの錬成の場としました。そして専門家の育成機関として、ジャスコ大学を創設して将来の専門家を育てました。そこには現在には存在しないが将来必要となる「職位・専門分野」の育成も図りました。

ステップで説明します。

①目標職位組織図をつくる

まずトップや関係者とよく打ち合わせをして三年、五年先に自分の企業はどうありたいか、どんなビジョンや目標をもち、規模はどのくらいで、新規事業の展開状況はどうかなどを考え「目標職位組織図」をつくります。

②空白ポストをつくる

次に目標組織図に主要な必要職位（事業部長・支店長など）を明記します。ポストに氏名は入れずに空白のままでかまいません。

③職位の総数を把握する

そのことによって三年後には支店長が五人、五年後には一〇人必要となることがわかります。また、新しい事業分野に進出するとしたらその社長等も必要になることがわかるので、その総数を把握します。

④人材の棚卸しをする

このようにし空白の目標組織図をつくり、その後現在の組織図から目標職位組織図に合致（そのとき使える人・使えない人を想定して）する人の氏名を入れていきます。そうすると「氏名の入らないポスト」があぶりだされます。

⑤欠落している必要職位をいかに埋めるかの検討をする

必要とする職位の遂行能力を想定しながら、自社の候補群を育成（教育・配転）するか、しても間に合わない、もしくは不足する場合にはスカウトや中間採用をすることになります。

⑥育成のための方法・手段を検討する

必要知識・技能を個別に明らかにして、ＯＦＦ－ＪＴかＯＪＴか、社内教育か外部派遣か、あるいは配転（キャリアパス）かといった候補者の育成方法・手段を決めていきます。

このようなステップを踏んで、つくりたい会社、組織をまずは明確にします。それには、どれだけの人材が必要になるのか、能力と人数を想定します。そこに現在の人材の棚卸しをし、教育上の必要点を明らかにして教育を実施、外部機関との連携、採用体制などを整え、将来を見据えた組織をつくりあげていくことになります。

Q

効率よく組織を大きくするために、合併というのは非常に有効だと思いますが、合併における成功とはどういうことでしょうか？　特に人事面でのポイントをお教えください。

小嶋千鶴子の教え

合併は資本の論理だけでは成功しません。反感やしこりを抱えたままの合併・統合では真の効果を発揮しません。心の合併というか、人心の一体に向け、そこにエネルギーを注ぐ必要があります。

岡田屋では三社による合併以前に、すでに静岡のマルサ、伊勢のカワムラ、豊橋の浦柴屋などとの提携により、ノウハウを蓄積していました。もっと遡れば、岡田卓也が若きころ、四日市生まれの三重紡績の創業者・伊藤伝七氏が行った合併による事業拡大の歴史の影響も大きかったのではないかと思います。

さて、企業合併には三つの形があります。一つ目は「法的合併」、二つ目には組織やシステムの統一を行う「組織の合併」、そして三つ目が人間同士の心が一体となる「心の合併」です。真に企業合併が成功したと言えるのは、この三つ目のすべての従業員の心が一体となる「心の合併」が成し遂げられたときでしょう。

前者の二つは時間をかければ成し遂げることができるものですが、この「心の合併」は容易ではありません。トップ同士の合意はもちろんのこと、従業員同士の協力も必要だからです。単なる精神訓話ではなく、「組織制度・正しい運営」「機会均等」「公正な評価や基準」「教育制度」「人事制度」などを、地道につくり上げていくしかありません。でなければ、「あそこは優遇されている」「吸収した憎き敵」といったような不満が出てきかねません。

それでは得られるメリットも限定されたものになってしまうでしょう。

小嶋千鶴子は著書『あしあと』で合併について次のように述べています。

「企業の合併にはさまざまなメリットが考えられるが、特に大きなメリットは多くの有為な人材が得られるということである。つまり、組織の基盤が安泰になることにより、そこに新たな人材があつまるのである。そして言うまでもなく、企業を動かすのは人、である。企業組織は、心をもった人間集団によって形成されている。人々の高いモラールに支えられた企業は強い。逆に、やる気をなくした人間集団から大きなエネルギーを引き出すことはできない。買収など強権をもってしても、人心をつかみ得ない限り、合併作業はうまくゆかないものである。合併後いつまでも企業として一体化せず、人的なトラブルが続き、効果を得ない企業の実例を、われわれは数多くみることができる」

つまり、「人的融合」をもって、合併の完成としています。

人心の一致と融合のために

Q

ダイバーシティがうたわれていますが、異なった環境・境遇で育ち、異なった経験をしてきた人たちをうまく一つにまとめるのに有効な方法は何かあるでしょうか。

小嶋千鶴子の教え

共に学ぶというのは人的融合を効果的に推進します。知識は将来を見通し活動の幅、可能性を広げます。その意味においては「ジャスコ大学」は大きな貢献をしました。ハッキリとした目に見える形の内部学校としたところに意味があるのです。決して外部委託ではありません。

イオンの歴史は合併の歴史と言っても過言ではありません。岡田屋・フタギ・シロの三社によるジャスコ誕生は、その後の企業経営における根幹の戦略でもあり、それによって今日のイオンができあがったことに間違いありません。

合併を成功させた要因の一つに、ジャスコ大学があります。これは前身の岡田屋時代にあったOMC（オカダヤ・マネジメント・カレッジ、昭和三九年開校）を充実・発展させたものですが、小売業界の企業内専門職育成の機関としてははじめてのことでした。

そこには専門職の各コースがあり、自分でコースを選択、受験し、その合格者が一定の期間勉強するのです。

たとえば、店長育成コース・商品部員育成コースなどがあり、のちにコースは追加・分化して二七コースに及びましたが、そこでジャスコグループの年間八五〇人が勉学にいそしみました。

合併前の出身会社はもちろん、学歴・年齢・性別の区別なく、個人の自己申告によって一定の試験に合格したものが一堂に会して勉強することには非常に意義があります。勉強を通じて視野が広がり、交友が広がり、若人が将来を語り合うなど人的融合がそこでは促進されました。

この存在により、学歴や以前の職場等によるキャリア組はつくらない、つくる必要がなくなったのです。

必要な経験と知識、さらには同じ志をもった仲間が入社後または合併後に得られるからです。最初から完璧なコースである必要はありませんが、最終的には経営に必要不可欠な人材をそこで育成していくのだという目的をもった独自の教育機関をつくることは、その企業ならではの同一の志を身に染みこませるのにとても有効です。

人材育成は長期計画・長期戦略と一対のものであり、時間的・費用的負担に耐えてでも、そこに投資すべきであると思います。特に異なった企業文化で育ってきた人たちを一つにするならなおさらです。

Q

合併にはいろいろすべきことがあったと思いますが、合併を成功に導くために必要なことは何でしょうか。ちなみに私の会社は規模はそこそこですが、いわゆる同族経営です。

小嶋千鶴子の教え

経験によると近代経営への脱皮には合併がとても効果的であることは言うまでもありませんが、合併に至る過程で処理すべき事柄のうち経営者としての自己変容・自己改革はなかなか困難です。つまり被合併企業のワンマン経営からの脱皮ができるかどうかです。

M&Aの果実を享受するためには、特に家業的経営からの場合は、トップの意識、体質の変容が重要になります。

具体的には、第一に「会社資産と個人資産の分離」がなければいけません。被合併企業には株式会社という法人の「なり」はしていても、いまだ会社と個人の資産の分離が行われていない企業が多くあります。平たく言えば「公私の別の未分化」の状態です。

もう一つはこれと密接不可分の「経営者同族の合意」も必要不可欠です。今まで創業者・経営者を支えてきた配偶者・親・子・親類等の処遇をいかにすべきか。一般にトップが合意しても、妻や子・親類等を説得するには相当のエネルギーを要しますし、反対があれば合併が成立しないこともありえます。何とか合併にたどり着けたとしても、不成功に終わる可能性も高くなるでしょう。

これらは、合併だけではなく、家業的経営から企業経営にいたる場合においても通らなければいけない道であると言えます。

そして最大の難関は、トップの意識、体質の変容です。「ワンマン体制」が身についたままのマネジメントでは、合併による企業の爆発的成長はなきに等しいと言わざるをえません。

そこからの脱皮は容易ではなく、ついつい私用で従業員を使うなどしてしまうと、それだけで「ああ、結局何も変わっていない」と従業員をシラケさせることにもなります。

かつて、ある関連会社の社長のもとに小嶋は単身でおもむき、「退職勧告」をしたことがありました。

合併後もその社長は合併前のワンマン状態のままで部下をこき使ったのが原因でした。部下からの反発の声が上がり、小島はそれに対処したのです。社長だけが自己変容できなかったのです。

「会社を発展させるためには、自分を発展・変革させなければならない。この事実が、人間と会社の面白さであり、組織の興味深いところである」と『あしあと』で小嶋は言っています。

そして、「家業から脱皮していったん企業になったからには、経営者に明確な責任が生じてくる。道義的責任、経済的責任、法律的責任、その他もろもろの責任である」としています。

いずれにせよ、家族的経営から脱皮し、M&Aを成功させるためには、「会社は社会の公器である」という意識が何よりも役に立ちます。たとえ私企業であっても、公のものとしてとらえる意識を強くもつことです。

それができれば、M&Aの果実をしっかりと享受し、合併は成功したと言えるようになるでしょう。

組織機能の点検と人材の棚卸し

Q

当社は製造業ですが、以前から組織構造も機能も人材も、固定化・硬直化しているように感じます。欠員の補充程度であまり変化もありません。どうしたらよいでしょうか。

小嶋千鶴子の教え

組織の点検整備、個人の業務遂行能力は定期的に評価をすべきです。そのことによって組織の生産性を上げ、個人の能力が向上することになります。職務調査・職務評価、人材の棚卸しは人事担当者にとって重要なベースとなるスキルです。私は、自己申告書にもその要素を入れて、おおまかですが組織機能と個人の把握をしていました。

組織や人材は経年劣化を起こす。これは組織の宿命でもあります。

特に時代の変化や顧客の変化に対応せず、事業ドメインに大きくズレを生じると業績不振が続くことになってしまいます。

組織も手段ですから、機械・設備と同様に整備・点検をする必要があります。

点検はどうするかというと、まずその部や課など組織単位で、その長に現行実施している業務を重要業務順、あるいは時間を要している順に書かせます。

同時に上位の長に、その部や課に本来果たすべき（期待）業務を重要度の順に記載させます。

そして、そこに出てきた、現状と期待との差が明らかになったら、それを課題として出します。また、どこにも属さない欠落業務を洗い出します。

それらを検討のうえ、部や課の組織単位ごとに新しく業務基準書を作成します。

人材の棚卸しも同様です。個人ごとに職務記述書を作成させ、上司が期待するあるべき業務との差や欠落業務を明らかにします。さらに職務の水準を明らかにして、現在の遂行状態を点検します。

これが本来の「考課」です。考課によって明らかになった、その不足能力が「教育必要点」となります。これを埋めるのが教育訓練や経験配転のキャリアパスです。

これらを総称して人材棚卸し（ヒューマンインベントリー）と言います。

まず部や課の組織単位と個人別とで人材の棚卸しを実施し、その後、組織全体の評価を行うのです。

これらの調査を定期的に実施する、さらにボトルネックの部位、個人については個別にその都度実施することで、組織の固定化、硬直化を防ぎ、常に組織を整備された状態に保つことができます。

小嶋は、年に二回実施した「自己申告制度」に必ず目を通しました。人と組織の現状を知る大きな役目を果たすものだからです。

「今日、三重に帰るから、まだ君が目を通していない分をくれんか？」、そう週末に言い、月曜日には「付箋をつけた箇所の彼には店長職は重荷かもしれんから、よく見ておくように」といった具合でした。

自己申告書には職務適性、職務の量・質などを把握する項目とモラールサーベイの要素が埋め込まれていたのです。

返事を要する者には、私的なことであっても一人ひとり対応をしたことは言うまでもありません。

Q

組織運営や人の管理で注意を要する兆候とはどんなところでしょうか。なかなか気がつきません。

小嶋千鶴子の教え

小さな兆候から大きな影響を及ぼすおそれのある「芽」を摘んでおくこと。私は暇があれば現場に赴き多くの人たちに声をかけてきました。「何か問題はありませんか？」と、もちろん問題だけでなくいいことも含めてです。心の動きは「態度」に表れるものです。話を聴きながらその人の態度を見ていると、その人固有のことか、組織全体の事柄かがわかってくるものです。

組織に赤信号が点滅するときには、いたるところでその兆候を見ることができます。残業過多・不満・トラブル・怠惰・不正・長引く業績不振・病気・決裁放棄・派閥・いさかいなど、それぞれのことは「部分的細部」のことですが、それを単なる細部のこととして見逃しているのです。

一年で採用した人数と同数の退職者が出るという高い離職率の会社を知っていますが、その会社では単に採用の問題だと矮小化して考えています。本当は組織全体の問題であるにもかかわらず、です。

特定の部署や個人の問題として片づけられていることの多くに、実は組織や制度の問題が潜んでいることがあります。経験と知識、さらに突き詰めていけば勘を要するものではありますが、継続して注意して見ていくことです。

たとえば、配達に来る宅配便の人の言葉づかいや対応でその組織の状態を読むことができます。なれてくれば店頭に立つ人の表情や身なりからも異変に気づくことができます。小さな変化、アラーム、ちょっとした「つまずき」がビジネスモデルを脅かすトリガーになることがあるのです。小さなことを小さなこととして放置せず、単なる現象としてではなく、根本にある問題はなにかなど類推して継続注意することが必要です。

Q

私の会社では今のところ女性は少ないですが、今後ふえるのは必然でしょう。その際、どういう配慮が必要でしょうか？

小嶋千鶴子の教え

私は、五〇年ほど前から女性の働く環境に取り組んできました。その一つが「奥様社員制度」でした。子育てを終えた学歴も意欲もある女性を社員として採用したのです。そのころの結婚女性は補助的な立場のパートタイマーが主流でしたが、あえてそうしました。なかには管理職に登用されて定年まで就労された方もいました。男女の性別ではなく、能力と意欲が前提です。単なる数値目標では意味がありません。

ＩＬＯの報告によると二〇一八年、世界の女性管理職の比率は二七・一％に対し、日本はＧ７の中で最低の一二％という結果でした。役員に占める女性の割合は（二〇一六年時点）Ｇ７の平均では約二三％、日本では三・四％にとどまっています。就業率では、男性が七一・四％に対して、女性は四五・三％と過去二七年間で格差は縮小していないと報じています。

役員や管理職というのは、企業で采配をふるうリーダーとしての位置づけであろうと思いますが、管理職という位置づけでなくとも各種のスペシャリストやエキスパート、小さなショップや飲食サービスのマネジャー、店長などは規模の大小はあるもののリーダーで、そういったところには女性も多いものです。それをただ単に、役員比率や管理職比率をふやすことを目標にすることには疑問が残ります。

それよりも、女性特有の関門として今なお問題なのは、結婚・出産・育児といったライフステージでの問題ではないでしょうか。事実「ディンクス」と呼ばれる夫婦も存在します。個人や企業では解決できない育児環境の整備、税制の改正、労働法制の整備など国家レベルの環境整備がまず必要と思います。企業では、社会復帰の際の教育支援や受け入れの整備に注力する必要もあるでしょう。決められた場所での八時間労働を前提にしないなど多様な働き方を認めるなど、とにかく、女性の就業率を上げるのが先決です。管理職比率はその次です。

派遣労働の危うさ

Q

人手不足とコスト削減のため、派遣労働を受け入れようと考えています。デメリットなどお教えください。

小嶋千鶴子の教え

派遣業務のメリットも当然あります。経営の安全弁として見るのではなく、社会的な見地からも検討すべきです。労働の下部層をつくることには躊躇しますね。まあ時を経てよい方向に向かうかもしれませんが、まだわずかの経験で、この知見を行政も企業も労働組合ももっていませんから。

今や派遣労働は企業にとって無視できないものです。当初の目的は労働の流動化と労働者側のニーズに即したものであると言われました。しかし端的に言えば二重雇用で、労働の下部組織と言えましょう。

それはさておき、ここでは企業としてこの派遣労働をどうとらえるか。何を内部に残し、何を外部に出すかの問題です。

採用難の時代にあって、採用の手間と時間といったコスト面だけを考えれば、派遣労働は使い勝手がよいのはたしかです。すなわち必要なときに必要なだけ供給してもらえ、需給調整の安全弁としての存在ともなり、企業にとってありがたいことでもあるでしょう。

一方で派遣労働にすることで、ノウハウが社内に蓄積されない、ポジションによっては蓄積されたノウハウが社外に流出する可能性があるなどのデメリットもあります。成功はもとより、失敗の経験も知識も熟練のノウハウも自社のものにはならないのです。

生産拠点の海外移転に伴うノウハウの流出も同様です。そこまでいかなくとも、業務の一元化から別会社に経理業務を移管したところ、新会社をつくる際に経理全般を見ることができる人がおらず決算業務ができなくなった会社も出てきたようです。

工場などでは、特定の会社が一分野を丸ごと受け持ち、ラインを受け持つ会社として存在しているところもあると聞きます。会社の部品化、ライン化です。

どの業務分野を外注（派遣労働・下請け・アウトソーシング）するか、またどの分野を集中化、分散化するかは、企業のコストと付加価値（ノウハウ）のせめぎあいです。どこをプロフィットセンターと見て、コストセンターと見るかでもあります。

人はものと同様にラインの装置の一部になりえますが、ただ効率化という名の数値の論理だけになってしまうのはとても危険です。一旦、外注化、分散化した業務をもう一度、内製化するには多くの時間と労力を要することになります。

最後に、社会問題化しているような派遣労働の根本問題について、自社ではどうなのか、社会的責任の放棄、責任を丸投げしていないかということは一度考えてみていただきたいと思います。「従業員の物質的、精神的な生きがいを確保していくのが経営者の仕事です」、『あしあと』の中で小嶋はそう言っていますが、派遣労働ということで、その責任を放棄していないでしょうか。

原発の廃炉作業など、一部では、二重三重、さらにはなんと七重の下請け派遣業者が存在して、多額のピンハネをされたうえ、劣悪条件で働く労働層も出現しているなどとも言われています。シワ寄せは必然的に社会的弱者へと向かう結果になります。社会が安定しない危うさを内包しているのです。

計量できない知識労働者の仕事

Q

日本では組織の雇用者がほとんどで、アメリカでは四割がフリーランスだと聞きます。働き方改革も叫ばれている中、今後の雇用はどのようにしていったらよいでしょうか。

小嶋千鶴子の教え

働き方改革の趣旨が単なる人件費の削減では意味がありません。人材の固定化（大都市集中・大企業集中）は国全体としても損失です。労働の概念も以前とは変わりました。量・質の転換に眼を向けなければなりません。

日本ではホワイトカラーとブルーカラーとの分類をしますが、知識労働者イコールホワイトカラーではありません。知識労働者の中にもっと専門的な知識や経験を有するナレッジワーカーと言われる人たちが登場したのです。それにより従来の労働・生産の概念が大きく変わってきました。労働時間や生産管理によって計量できないアウトプットが生まれてきたのです。

今回の働き方改革の目的趣旨もそこにあると思います。会社内においてナレッジワーカー（スペシャリスト・エキスパート・ディープゼネラリストなど）はそう育つものではありません。

私からの提言の一つは、現在行われている「役職定年」や「正規の退職」を迎えた有能な人を「フリーエージェント」にして、組織に雇われない、すなわち、時間的・場所的・対人的制約を受けない雇用、つまり、本人の自由裁量によって働く、今でいう「自由業」へ転身させることです。こういった人たちを使う会社側のメリットは、費用対効果で考えると非常に大きいと思います。

また、本人の希望と会社の意向が合致したら、年齢に関係なく、現行の労働基準法の適用外（労働時間・就業の場所）にして準フリーランス契約に移行するのもいいでしょう。そうすることによって、これらナレッジワーカー本来の職務成果がより発揮できることになります。

同一の就労場所までの長い過酷な通勤時間はストレス以外のなにものでもありません。それをなくすだけでも、日本の生産性をより高くすることができるのではないでしょうか。

退職率は企業の通信簿

Q

当社は新人や中途入社の社員がすぐに辞めていきます。引き留めるために対策を講じるのですが、時すでに遅しの状態です。どうすればよいでしょうか。

小嶋千鶴子の教え

離職率は企業の「通信簿」です。企業を去る人は本当のことを教えてくれます。企業の内部に潜む真の退職理由を分析することです。会社に問題があると「有能者」が早く辞め、行くあてのない無能者だけが残ります。これからは会社が人を選ぶのではなく、人が会社を選ぶ時代です。

厚生労働省の統計によると、二〇一八年上半期の離職率は平均八・六%だそうです。業界によって異なりますが、飲食業が約一四・七％、レジャー産業が一二・四％、医療福祉が九・七％、小売業が八・一％、製造業が五・三％等となっています。

離職率は組織の健全度を測るモノサシでもあり、数字も気になるところではありますが、問題は退職理由と退職者の層です。

よき退職というのはありませんが、適職でない場合や家庭の事情などの場合には致し方ないところもあるでしょう。しかし、家庭の事情、一身上の都合と言いながら、真の理由は会社への不満の数々であることが往々にしてあるものです。

その中でも特に留意すべきは「会社にはそれほど不満はないが、人間関係がうまくいかない」「嫌な奴がいる」といったものであったり、特定の部門や特定の上司のところで発生したりする退職です。

部門によって残業が多いとか、仕事が極端にキツイ、部下を活かせない上司が存在する、上司の人間性に問題があるといった原因がそこにはあるからです。

また、退職者の層も問題です。たとえば若手や中堅社員が辞めるというのは、パートナーの意向が大きく作用している場合もあります。賃金や職業による体面も大きな理由となります。辞める時期も重要です。若手では、公務員の試験時期に多いということもあります。

いずれにせよ、退職という行動にはいろんな要素が一挙に噴出して至るものです。数ある要因のうち、社会的外部的要因ではなく、企業の内部に潜む総合的な要因に眼を向けなければなりません。

ドラッカーは、辞めることが正しいときとして「組織が腐っているとき、自分がところを得ていないとき、あるいは成果が認められないときには辞めることが正しい選択である。出世は大した問題ではない」としています。また、山口周氏はそれを「エグジット」と名付け、その企業の影響下からの脱出であるとしています。

要は、会社が見限られるということです。

では、どうしたらいいのか。

退職を申し出てきたとき、一番してはならないのは、引き留め策として昇格、報酬を上げるといったことをすることです。これは組織全体に悪影響を及ぼし、一番の愚策です。たとえ、辞めてほしくない社員であったとしてもしてはなりません。

そうではなく退職者と面談をして、退職者の真の理由をつかむことから始めることです。そして、その原因を改善していく。多少時間はかかるかもしれませんが、これしか方法はありません。

「力のある人がやめてしまって、力のない人だけが残った会社はどうなるか。これでは企業として成長するどころか、もとの家業に逆戻りである」と『あしあと』の中で小嶋は言っていますが、企業の発展のためには退職者の問題には腰を据えて取り組みましょう。

第4章 人事管理から戦略人事へ

Q

当社は現在まだ小さな規模ですが、将来大きくなるために人事業務をどう変えていけばよいでしょうか。

小嶋千鶴子の教え

人事教育の仕事の目的は企業の発展性の確保にあります。したがって現状に合わせるのではなく、三年・五年先を行く人事教育が必要です。後追い人事や自社の体力などを無視して目先の新規さをうたう流行に飛びつくことは避けねばなりません。

業界や業種、その企業の直面する課題によって違いはありますが、規模的な面からとらえれば人事の業務には、経験的には次の段階があります（名称は膾炙《かいしゃ》されたものではありません）。

①給付厚生型

規模の小さいうちは、法的なもの（社会保険・労基法で定められたもの）と給与計算が人事業務の中心となります。給与計算のもとになる勤怠管理・所得税の徴収義務などが含まれます。まだ、人事業務は独立しておらず、総務・経理業務に包含される場合が多いでしょう。

②勤怠労務型

勤怠管理のための手続きや入社・退社などの異動業務、精勤を促進する福利厚生なども多少充実してきます。労務課、総務課に属することも多いでしょう。

③人事管理枠はめ型

ある程度人事制度の整備が図られて、採用と人事が中心となっている段階です。就業規則ほか諸規則の整備、ルールづくりも行われます。事業所を複数もつ会社では、そのために社内報の作成業務等も含まれるようになるかもしれません。これまでとは逆に一部ラインに業務が移管されることもあるでしょう。

④総合型人事

人事・教育・採用・厚生などが勢揃いして、一括の指揮のもとで業務が遂行される段階です。

分野ごとに専門化して、サービススタッフとゼネラルスタッフの分離の必要性が次第に生まれてもきます。厚生業務や給与計算などは他所（外部）に委託する場合も出てくるでしょう。

⑤戦略人事とサービススタッフ人事との分離型

戦略的な人事を扱う部門とその他の人事業務が分離する段階です。戦略人事は本社、通常の人事業務は地区や支店に移管します。本社の戦略人事部門は副社長クラスが統括して、クリエイティブ職能や将来の幹部候補の選定（スカウト）、社内外の機関と連携した人材育成に注力するようになります。

ちなみに、岡田屋時代の小嶋は福利厚生にも気を配りました。年末には全社員にクリスマスケーキを配り、月度の誕生会、退社式、成人式、社員旅行、寮・社宅・休憩室の整備、社員食堂の献立、社員の買い物割引制度、お茶・お花の稽古事まで、まるで家庭の母親のようでした。ジャスコになってからは、もっぱら人事専門経営者としての活躍でしたが。

このように人事業務はおおよそ五段階に分けることができます。昨今のＩＴ企業や先端企業ではいきなり戦略人事からスタートさせることも多くありますが、多くは企業の成長に合わせて、変遷していきます。いずれにせよ、ある程度の規模、また永続的成長を望むのであれば、戦略人事は必須です。そこを目指して、人事部門の充実を図ってください。

Q

うちでは人事のセクションがありません。総務の一環として存在するのですが、ほとんど機能していません。設置したいと思いますがどういう人物が最適かお尋ねします。

小嶋千鶴子の教え

人事の仕事は骨の折れる仕事ですし、営業などと違い結果が見えにくいこともあります。多様な役割をもたねばなりません。二律背反する命題に直面することもあります。人の嫌がる仕事もしなければなりません。完璧な人はいませんので、部や課として人の組み合わせも大切です。例を言えば、私の部下には、外科的な人、内科的な人もおり事に臨んで用いてきました。

「人事ロス」とは造語ですが、ほとんどの企業が人事専門セクションをもっていません。あるいはあっても本来の人事として機能していないと言っていいでしょう。その理由は、

①トップの専権事項で人事処理業務に終始している

②人事を給与や社会保険などの業務、法的な業務を処理するところと考えている

③人事の任にあたる人の力量不足、勉強不足、経験不足

④人事担当として適職でない人（権力志向の強い人・適切な人間観を有していない人・共感性や感受性に乏しく、人の気持ちがわからない人）が任にあたっている

⑤トップとの信頼関係が希薄で仕事を任されていない

の五つに大別できます。

すべて人事不在であるに等しいと言えますが、人事不在が一定期間以上続くと組織はさまざまな点で機能不全に陥ります。そのため、やはりできるだけ早い段階で、人事専門のセクションを設置すべきでしょう。

小嶋は人事について、「巨視的な思考を根本におき、実行にあたっては現実的、具体的な施策を組み立てていくことになる。『着眼大局、着手小局』といえよう」と『あしあと』の中で言っています。

それを実行するには、やはり階層の位置としては、トップの次の位置（ＣＭＯ・ＣＦＯ）と並んでの職位でしょうか。なぜなら全体を見渡せる位置にいないと戦略的な人事として長期的な視野をもつことができないからです。

同時に、トップとの信頼関係がなければ、実行することは難しいでしょう。

また、人事部門は他の部門との兼務はできないものです。人事と総務を同じ職位としているところも多いでしょうが、これは両者は似て非なるものなので、やめるべきです。

人としては、企業の成長に寄与するという人事の役割を正しく認識して、権力に媚びず、清潔を好み、働く人々を正しく理解して業務に邁進するような人。

つまるところ、人事は人間に関する仕事ですので、やはり基本は人間に対する愛情でしょう。そして、人の話をよく聞き、人を知ることができる人。さらに欲を言えば、その人の希望を知り、目標をもたせてあげることができれば、最高です。

Q

人事異動は組織運営の要だと思いますが、上司と部下の関係で配慮すべきことはなんでしょうか。

小嶋千鶴子の教え

組織と制度の組み合わせと運用の仕方は、つまるところ人間の問題である。優れた個人の背景にはそれを支える優れた組織の存在がある。

合併後の人事交流で旧岡田屋地域に来た人事部長は優れた人物ではありましたが、その地域からはかなりの反発があり、人事業務は往々にして滞ることがありました。彼は悩んだ末に、部下である私にその原因を尋ねました。「私のどこがいけないんでしょうね?」と。

私は、「あなたの仕事の姿勢については何ら問題がないと思います。ただ、あなたの出す指示書は細かすぎる。相手は店長なのだから事細かく幼稚園児に出すような、具体的な動作にまで及ぶような指示書は受け付けられないと思います。前の地域ではそうであったとしてもこの地域では店長は一国一城の主としてある種の〝包括委任〟で育っています。それを改めないかぎり、せっかくのあなたの能力が発揮できませんよ」と若さに任せてハッキリと上司である人事部長に進言したことがあります。

その後、その人事部長は転勤となり、数年後また上司・部下の関係となりました。

小嶋はこの二人を称して「細かいO君」「粗いT君」とからかったものです。

小嶋の人事手法は一見制度主義者に映る面がありますが、制度を重要視すること、それだけではありません。

その運用については、組織と個人、人と人、人と仕事の組み合わせを最も重要視します。そのため運用者の識見・力量によって大きく組織運用の効果が変わってくるのです。

小嶋は常々、「精神や目的・原則は変えないで、その運用の仕方は相手によって柔軟に対応していかないと人は動かんわな。規則があれば事足りるというようなことは組織運営においてほとんどない。つまるところ人間対人間の世界だし」と言っていました。

Q

当社は外食産業ですが、採用に苦慮しています。多くの人材と経費と時間を割いてもなかなか採用できないし、退職率も高く困っています。パート、アルバイトに関して、何かよい方法などありますか？

小嶋千鶴子の教え

人事は採用に始まり採用に終わると思っています。資質は人間が奥深くもっているもので、本人も気がついていないことがあり、それを他人が見抜くのは神がかりの技です。

ジャスコ時代には東京家政大学の先生を招いて「面接技法訓練」をやりましたが、面接官によるバラツキもあり、印象評価になりがちです。新しい知見や技術の導入など検討も必要でしょう。

今後、採用問題は企業が最も力を入れなければいけない業務となるでしょう。人不足、いい人がこないなど事業の衰退（廃業）の直接的な要因になります。従来のような一斉解禁、全社挙げての採用活動、あるいは外部採用企業へ業務委託をして任せきりというのでは、採用問題は解決できません。

たくさんの応募者の中から、書類選考し、筆記試験を実施して、次の段階からは多くの要員を動員して一次面接、合格した者を次に役員面接……というのでは、時間を要するだけで、必要な資質などは見つけられるはずがありません。

中小企業などは最初からトップ面接をすべきと思います。二流三流の人が一流を見抜けるわけはなく、かき集めた素人衆が履歴書をなぞるような質問をしても意味がありません。このような段階を調整して実施しているようでは相手に逃げられます。彼らの求めているのはスピードです。

アルバイトやパートタイマーならいいだろうと考えるかもしれませんが、それでも企業側の徒労は計り知れません。

また、その時期になるとリクルート服を着て、幾社も会社まわりをしている若い人の姿を見ると悲壮感さえ感じます。

採用には集める力、見抜く力、動機づける力が必要です。その中でも本人の資質を行動特性の中から見抜くことが重要で、将来の夢などを聞いても全く役に立ちません。ごまかすことができるからです。

最近ではＡＩを使って面接質問をする会社も生まれています。それもスマホを使って時・場所を選ばずＡＩの均質な質問と深掘りの質問によって、データを収集してそれを一次面接としています。大変効果が上がっており多くの一流企業で採用されています。

このように従来の採用活動からは一変しています。行事としてこなすのではなく、新しい効果的なテクノロジーを取り入れながら、戦略的に採用をする時代になっています。

複数の人事制度をもつ

Q

今まで、一つの人事制度で対処してきましたが、最近、中途採用をし従来の当社の基準では対処できない状況になってきました。現職との調整もあり悩んでいます。どうすればよいでしょうか。

小嶋千鶴子の教え

必要な人材を確保・育成するために、各制度の特徴をつかんで設計することが必要となってきました。たとえば、入社三年目までは職能資格制度で人の能力適性を見て、その後は会社と本人の意思で他の制度へ移るなどです。制度が人を選ぶのではなく、人が制度を選ぶのも一考です。つまり制度は目的ではなく手段ですから、硬直化や意欲喪失するような制度では意味がありません。

年功序列、終身雇用一辺倒だった従来の日本では、一本の人事制度が主流でした。主に職能資格制度を導入して資格と職位を分離するなど、至極便利でゼネラリスト育成に効果的な制度でした。また、企業内労働組合との折り合いもよく、長年にわたって十分に役割を果たしてきました。

しかし、グローバル化や専門化が進むことによって不具合が出てきました。スペシャリスト、エキスパート、クリエイティブ職能などがなかなか育たない土壌となってしまったのです。

そこで、一つの企業において職能資格制度、職務等級制度、役割等級制度等、複数の制度を採用する企業が出てきました。

職務等級制度は担当する職務が明確に「職務記述書」によって定められ、資格や熟練度などを評価して報酬などを決めるアメリカをはじめとする海外で発展した制度です。スペシャリストやエキスパートの育成に効果がある反面、職務評価が難しい面もあります。

役割等級制度とは、役職と職務を掛け合わせて、「役割」として定義し役割評価基準をもとに等級を設定する制度です。一定の階層（課長など）以上に適用される場合も多く、人を基準にした職能資格制度と職務等級制度を融合した制度です。

また、創業当初と安定してからの任用についても考えなければいけません。

「創業のときに能力があったもの、必ずしも守成の能力者ではない。そこでそのとき、創業に携わった功臣の処遇が問題になる。創業時の功労者を尊重しつつも守成の新しい力をそがないよう、意を用いなければならない」

そして、「まず、『公平』という考え方を会社全体に徹底する必要がある。一生懸命働く人、能率を上げる人、あるいは業績に貢献した人には、それに応じた待遇なり、処遇をすることが求められる。報酬を上げたり、しかるべき地位につけるといったことである。これができない限り、組織は内部崩壊を始める」と小嶋は『あしあと』の中で述べています。

同じ職場で違う制度が適用されるため、複雑にはなります。それぞれの長所・短所もあり、また労働組合との調整も必要になるでしょう。成果給の導入や同一職務同一賃金などの要請を受けて、それぞれの長所をもつ三本の制度を併用して導入するところも出てきました。

いずれにせよ、複数の人事制度を導入する必要があるでしょう。

Q

施工会社を立ち上げてから二〇年弱、社員も四〇名近くになり、ひとひとおりの組織としての形ができてきたように思います。今後、本格的に人事戦略を立てていくうえのアドバイスをいただけますか。

小嶋千鶴子の教え

つまるところ、企業には四種の人材のうち、企業家（カリスマ）、行動家（働き者）がいずれの段階でも必要ということであるが、生成発展とともに大企業になっていくにつれこの種類の人物・能力は排除される場合が多く管理中心になっていく。組織のライフサイクルごとにこの四種の人物の組み合わせが「人事」の最大の任務と思います。

企業には人間と同様にライフサイクルがあります。イチャック・アディゼスによると①創業期、②幼児期、③伸び盛り、④青年期、⑤最盛期、⑥安定期、⑦衰退期のステップがあるそうです。そして、段階ごとに四種の異なる能力をもった人物が必要で、それぞれの段階でその能力をもった人物の活躍がないとその組織は途中で没落すると言います。

その四種の能力・人物とは、

①創業期：企業家（カリスマ）
②幼児期：行動家（働き者）
③伸び盛り：行動家（働き者）と企業家（カリスマ）
④青年期：管理者（用意周到な人）と企業家（カリスマ）
⑤最盛期：行動家（働き者）と管理者（用意周到な人）と企業家（カリスマ）
⑥安定期：管理者（用意周到な人）と統治者（物わかりのよい人）だけになる。
⑦衰退期：管理者（用意周到な人）だけになる。

⑥安定期と⑦衰退期では、行動家と企業家は影を潜め管理者と統治者が中心となり、最後は管理者だけが残り、破産を迎えます。

これらのライフサイクルと、中心で活用する人材のタイプは多くの示唆を含んでいます。

また、企業発展の五段階も参考になるでしょう。

①創造力による発展期、②権限集中による発展期、③権限移譲による発展期、④調整による発展期、⑤チームワークによる発展期の五段階です。

第一段階は創業者による頑張りで発展、しかし統制力による危機が訪れる。

第二段階は創業者に権限を集中し発展、しかし自治の危機が訪れる。

第三段階は創業者から部下への権限移譲によって発展、しかし統制の危機が訪れる。

第四段階は統制から調整補正することによって発展、しかし形式化の危機が訪れる。

第五段階はチームワークによる発展、しかし新たな危機、たとえば仲良しクラブや安定志向といったものによる危機が訪れる。

いろんな段階の発展期を迎えますが、その意味するところは危機の克服（手術）のために何をすべきかということです。このように企業は組織を変え、人の任用を変え、権限の所在を変え、教育指導内容を変えることによって危機を回避していきます。

たとえば安定から衰退に向かう段階であれば、人の任用は企業家・カリスマと行動家・働き者の起用が必要であり、思い切った分社化もいいかもしれません。つまりその法則性をあらかじめ知って手を打っておくことです。それが人事戦略の要諦です。

人材の見極め方

Q

取引先に、上司の前ではいい顔、取引先や部下の前では尊大で態度の悪い人を幹部として重用しているところがあります。どうしてそういう人を重用するのか、自分もそうならないか心配になります。

小嶋千鶴子の教え

中小企業の場合にはなかなか人材に恵まれません。昔は取引先や銀行からの出向・紹介などがありましたが、今では人材紹介会社や任用のアセスメント手法も進んでいます。

これらを活用することも一つの手だてだと思います。最後の決断は自分ですがね。

経営者や幹部にとって必要な能力に「人を見る眼」というものがあります。

どのような人物をどのポジションに置いているかで、外部評価の失墜を招くおそれもあり、軽視できない問題です。しかし、当人はなかなかそのことに気づけないので、難しい問題ではあります。

働き者は働き者を好み、管理者はイエスマンを好み、企業家・カリスマは聞き上手、賛美者を好み、統合者は素直な人を好む傾向がありますが、これらはすべて能力評価した結果ではありません。人は、何も基準がなければ、自分と似た者、または極度に反対の人物を選ぶ傾向にあります。

また、人の見方としては、経営者・幹部の場合、その人が重用している人物がどのような人物かによって、見てとれるでしょう。

つまらない人物はつまらない人を重用している、反対に、影響を与えた人物（上司）は誰かと問うと、つまらない人物はつまらない上司名を挙げるといった具合です。

また、その人の友人にどのような人がいるかによっても知ることができるでしょう。類は友を呼ぶということわざのとおりです。

小嶋は、『あしあと』の中で、唐朝創建の功臣・魏徴と太宗とのやりとり、「一定の地位に達したものの人物を見分けるには、その人が自分の部下をどのように登用抜擢しているかを見ればよい。どのような人を昇進させているか、どのような人を重用しているか。部下の能力を把握して、短所をかばい、長所を生かしているなら、その人は良い人材である。富んでいる人の人物を見分けるには、その人の財産の使い方、他人への与え方、余暇に何を好んでいるか知ればよい。学んでいる人については、その意見を聞けばその人物が分かる。困っているときに、他人から何を受けて何を受けないかを見るだけでも、人の見分けはできる」を引用しつつ、最後に「自分が部下や他人をどのように見ているかによって、自分自身もまた上司や部下あるいは他の人から評価されているのである」と結んでいます。

一般的に留意すべきは、「ブランド」（学歴・門閥・一流企業名・資格）に目がくらむこと、また紹介者への忖度といったことがありえます。取引銀行・取引先・株主・地域の有力者等の紹介であれば、ことわるのが難しいといったこともあるでしょう。

では、人を見る目はどうやって養うか。これは、数多く人を見ることに尽きます。そして用いてみて成功・失敗の類型パターンを知り、自分なりの基準（センス）を磨き、水準をもつことです。

Q

最近副業を認めることになったと聞きましたが、副業についてどう思いますか。

小嶋千鶴子の教え

昔アメリカに視察に行った際、昼間は学校の先生をして、夜間や休みの日にはスーパーの警備員をしていると聞き、おどろきました。今後日本も極端に進むとは思いませんが、働き方の多様化という面では避けて通れない課題だと思います。この知見を我々はもっていませんので今のうちに多様化を前提にどう対処するかといった制度を研究整備しておくことが大切と思います。

現在では、日本の企業の七割が副業を好ましくないと判断しているようです。副業をもつことによる、個人側のメリットはなんと言っても収入が増えるということでしょう。また、他の会社や他の職種から自己の仕事を見ることで、その価値を知ることもできるかもしれませんし、結果的に仕事に幅が出るということもあるかもしれません。

一方、企業側から見たメリットとしては、その人材の能力の厚みが増すこと、そして誤解を招くかもしれませんが、ある程度賃金を抑制できるということもあるかもしれません。

とはいえ、いずれも無理をしてメリットを挙げた感はありますが……。

負の部分で言えば、個人としては労働時間が長くなることでしょう。それに起因する健康面での負荷や業務の集中力の減退などが心配されます。

企業側のデメリットは機密保持が困難（同業の場合）、利益相反の問題が生まれるおそれもあります。また、ロイヤルティの欠如、転職につながるなど、企業にとってはデメリットのほうが多いように思われます。

その結果、七割の会社が難色を示し、副業をよしとする場合でも何らかの制限を設けているのでしょう。大部分は今のところ様子を見ながら個別対応をするといったスタンスです。

今後、少子高齢化とＩＴ技術の革新や自動化が進む中、単純労働の分野では、副業もよしとするほうへ大きく舵を切ると思われます。また、年齢層では高齢者については、副業ＯＫとなる可能性も大きいでしょう。

しかし、若者やスペシャリスト、エキスパートは、目的が収入ということであれば副業より転職を選ぶほうがいいですし、企業側もこの人たちの「囲い込み」「確保」には必死となるでしょう。つまり、副業問題は人材の流動化を促進するトリガーにもなりうると言えます。

第5章
人材の発掘と自立人材の育成

Q

うちの会社はまだ小さい会社ですが、人材育成の重要性は理解しています。具体的な育成の手段などがありましたらお教えください。

小嶋千鶴子の教え

最初から大がかりなものをつくる必要はありません。岡田屋では当初、高卒者に対してせめて短大レベルの基礎教養を身につけさせたいと思い、オカダヤ・マネジメント・カレッジ「OMC」をつくりました。その後ジャスコになり専門職育成のための「ジャスコ大学」をつくりました。最初は店長育成コース、商品部員育成コースの二つでしたが、徐々にコースを増やしていきました。

まずどのような人が必要かを明らかにすべきです。一般的には日本は終身雇用制にあって、人材の流動化はあまりありませんでした。そのためどうしても「ゼネラリスト」育成が主流でした。

しかし、今日その前提が崩れて人材の流動化（転職）が急速に進んでいます。そのため、単なるワーカーではなく、知識集団としてのスペシャリストやエキスパートが必要になってきました。

さらに、クリエイティブ職能やプロダクトマネジャー、ターンアラウンドマネジャーなど先行き不透明な世の中にあって、雪山登山のラッセルを担うような人も必要となってきました。スペシャリストやエキスパートは、その企業特有のノウハウを要するものです。したがって企業規模が小さくてもスペシャリストやエキスパートについては自前育成機関をもつことをお勧めします。

従来の階層別教育や職能別教育ではなく、明確に専門職育成機関であらねばなりません。独自の育成機関をもつことによって、叡智・経験が集まり、また共に学ぶ共同体意識が醸成されます。さらに、集まった知恵と経験が伝承可能になります。社会的信頼にもつながるでしょう。

もう一つの観点は、草花を例にとると、「一年草」を求めているのか、それとも毎年咲く「多年草」を求めているのか、それとも世間で活躍しているその場かぎりの「切り花」を求めているのか、はたまた見栄えのいい「造花」を求めているのか、といったことをハッキリさせるべきでしょう。

しかし、やはり本筋は「多年草」で他の花は補完的であろうかと思います。となればなおさら、たとえ小さくとも会社名などを入れた自前の育成機関をもつと効果抜群です。パナソニックには昔、松下経理大学といわれるものがあり、業容拡大に伴い経理マンを養成していました。

企業内教育の三つの視点

Q

企業内教育にこれから力を入れていくつもりですが、何か視点というか考え方を教えていただければと思います。

小嶋千鶴子の教え

教育の本質は可能性を広げることにあります。個人が創造性を発揮してイキイキと仕事に励むことを可能にします。また、企業内教育は業務の促進剤になります。

企業内教育は三つの視点で説明するとわかりやすいと思います。

一つ目は建築的視点です。在来建築（木造軸組工法）では、柱と梁で骨組みを造り、その補強のために「筋交い」「火打ち土台」「火打ち梁」、昔では「貫《かん》」などをし、さらには金具を用いて補強をします。これらがないと強度が低く、地震などで倒壊する危険性が高くなるからです。

組織も同様で、個々の人物の能力に加え、組織として教育することによってより強い組織になることができます。すなわち教育はこの補強と補強材なのです。

二つ目は、農業的視点です。

ひと言で言えば非常に手間がかかるものであり、育成状態を見ながら手を打ち、年月をかけて育てていかなければいけないものであるのです。

そして三つ目が人間の健康維持としての視点です。

教育によって得られる知識は、人間にとっての栄養であり、社内での異動は適度な運動として考えられます。

人間の体と機能を考えたとき、健康な体を維持するには、栄養と適度の運動が重要です。栄養にはエネルギーを生む炭水化物、組織細胞をつくるたんぱく質、機能を円滑にする各種のビタミンなどをバランスよく摂取する必要があります。食品そのものからでなく、健康補助食品や合成品を摂取するだけでは体は維持できません。各臓器に影響を及ぼしその機能を失うことにさえなりかねません。

組織や個人も同じです。書籍や研修などから知識という栄養を得て、さらにジョブローテーションなど適度な異動によってまるで運動のように新陳代謝を活発にします。

そういった意味で、教育は組織を健康体に維持し、さらに健康増進する行為に似ているのです。

このように老廃物を捨て、新しい知識や技術を導入する教育は永続発展の要と言えます。

比喩としての表現ですが、「建築的視点」「農業的視点」、そして「人間の健康維持の視点」の三つをもって、取り組んでいただきたいと思います。

人を育てるということ

Q

人材教育といっても、サービスやら営業法やらいろいろあると思いますが、人材育成のベースになるものはなんでしょうか。

小嶋千鶴子の教え

人事の仕事は人間を知るというところから始め、次にどういう人間をつくるかといったところから始めることが肝要です。この正しい人間観をもつ人を育て上げることが大切なのです。

小嶋は採用時の面接ではその人間の根源的なものが、どうしてその人物に備わったのかという育成環境などをまず見ていました。どういった環境、経験の中で、どういった行動をしてきたのか、その行動にこそ、その人間の根源的なものが表れる。それを面接で見て、面接表に書き込むのです。さらに、入社後の将来担当職位（たとえば事業部長までいける、販売促進課長止まり等）が、評価とともに記載してありました。

細かい点はいろいろあるでしょうが、基本的には、人間的なことを疎かにしない常識人を重用していたように思います。

「常識人をつくることが必要です。単なるテクニシャンではない人、人間的なことをおそろかにしない人をつくることが、企業の永続性や成長性につながっていくのです。同時に企業の中においては、人間の基本的な生き方というか普遍性のあるものを、正当に考え、評価し、風土として確立しなければなりません。人間の生き方の普遍的なもの、たとえば、信頼性を重んずるとか、人間の根元的なものである愛情を尊重するとか、これらが、社風の中に一貫して流れているということです」（『あしあと』より）

単なるテクニシャンは、その技術をもつが故に唯一自分だけ……という落とし穴にはまる危険性があります。

また、金銭・出世とかの欲求が異常に強い人は能力的にも高く、意欲・情熱があるように映るため、トップ等に用いられやすい傾向があります。

しかし、他者との協力や協働の成果を認めないところがあり、そのため、全体の組織運営においては、この者一人がいるために、組織全体がギクシャクしてしまうということが生じて、かえって全体の能率を下げることになる場合があるのです。

一般的には異常に達成動機が強く、友愛動機が低い人と言えるでしょうか。そういった点を見極めて担当する仕事を与え、組織編制をしないと問題が起きます。問題の大半は部下からの反発です。

一方で、人間的なことを疎かにしない人とは、肩書で仕事をせず、自分の責任を自覚して、喜びも苦しみも一切自分が背負うという責任感の強い人物、物事を他者責任にしない人など正しい価値観・人間観を有する人のことです。長い企業の発展にはそういう人物の採用がとても重要であり、それらを疎かにするとその組織は腐敗し、いずれ衰退します。

過去の行動などからそれを読み取り、採用に活かし、さらには人としての常識、裏表や立場に関係なく人間的なことを疎かにしない人を育て上げることが企業の人材教育においてはまず必要なことでありましょう。

Q

新入社員の研修は、個性を伸ばす研修がいいのでしょうか、それとも組織に染める研修がいいのでしょうか。

小嶋千鶴子の教え

新入社員教育に力を入れることは大切ですが、それだけに終始して、以後、放置したままでは伸びていきません。一年が最初の節目、三年が次の節目です。仕事の中身を習得させせることが重要で、階層別の教育よりも年次別教育のほうが効果はあると思います。この期間に会社も本人たちも「適職」か否かを決めるのですから。

新入社員研修にかぎらず、「基礎教育」はとても重要です。

基礎教育は、一定の「枠はめ」教育で、建築なら基礎工事です。基礎が堅牢でないと砂上の楼閣となります。

企業における基礎教育とは、業務知識と技術教育を言います。精神面やエチケットや礼儀作法などはそれ以前のものです。

たとえば小売業なら、マーチャンダイジングの基礎知識と技術とは、商品知識、品揃え、陳列、価格、店内販促、接客といったものです。これらの知識と作業を定められたとおりにこなすオペレーション能力を身につけるのが基礎教育です。

経理なら財務諸表の理解、勘定科目、仕訳、出納などがルールどおりにできる能力です。新入社員なら、一年から二年ぐらいの期間を要しますが、トレイニーの期間としてじっくりと確実にこれを身につけるようにします。

ただし、ＯＪＴが基本になるので上司の能力によって、習得に差が生まれやすく、それを回避するためにもマニュアルやテキスト、指導者の訓練が必要となってきます。

この教育訓練を疎かにすると、次の段階で行き詰まることになります。

仮にリーダーになったとしましょう。そのリーダーには部下指導が不可欠ですが、リーダー教育をOFF－JTで行っても能力が不揃いで焦点が定まりません。悪循環に陥ります。

このように基礎教育はとても重要ですが、多くの企業が基礎教育とは何かを誤解しています。前述した基礎教育以前のことを重視してカリキュラム編制をしているところが多いのです。

教育は「守破離」で言えば「守」にあたる教育です。個性を伸ばす教育は本人が会得していくものですから企業内では無理です。双方が個性をわかっていない新入社員ならなおさら不可能でしょう。

Q

社員教育について、特にサービス業は技能だけでなく、心を磨く教育が必要と思うのですが、それにはどうしたらよいでしょうか。

小嶋千鶴子の教え

社内教育は精神論ではなく、心理学や人間の行動科学としてとらえていました。一人前の人間になるということは、相応の知識や技術を身につけ、そのことによって自信をもち、生活の糧を得て、社会を正しく渡っていくことだと思います。会社はその手助けをする義務を負っていると考えていました。人は社会からの預かりものですから。

丸ごとの人間教育をするとなると一会社では負担が大きすぎます。またその必要性もプライオリティからすると低いものになると思われます。

しかし、正しい労働観をもたせることは重要です。

正しいとはポジティブな労働観です。これは教えて学ぶものではなく、仕事に意味をもたせることで本人に想起させることです。

意味付けによって能力は一段と向上することは実証済みです。

それと仕事の中に自己決定権（自由裁量）を与えることです。単なる作業から意味ある仕事に変換させることだと思います。「やらされている」から「やっている」と本人が思えるようになることです。

業界によって異なると思いますが、サービスや販売業では対人能力が最も必要な能力です。コミュニケーション力、共感力、感受性です。それと「親切心」が大切です。これらもコミュニケーションを密にとることによって、ある程度は高めていくことができます。あとは「笑顔」です。笑顔は対人関係の潤滑油と言われますが、本当にそのとおりです。

教育訓練で必要なことは、「形式・礼儀・ことば・立ち居振る舞い」でしょう。これは子供と大人の大きな違いです。

質実剛健、合理主義が小嶋、岡田の生き方でしたから、あまり極端な気づかいや厳しい礼儀は必要ありませんでした。しかし、基本的な礼儀作法については、きちんとしたものを求めました。ただ、提携・合併した相手方の会社にはいろんな社風があり、殿様に仕えてご下命を待つ家来のような社員や、まるで上品な公家さんのような会社もありました。

それに対し小嶋は「いろいろあってもいいけど、あれでええんかなあ」とふともらしたことがあります。目に余るものがあったのでしょう。心は深層ですが、こういったところで表面に表れるものです。

礼儀作法や言葉遣い、立ち居振る舞いなどは訓練で身につきますし、またそのことによって内面（心）も変化します。よくある滝に打たれるような修業や道徳、根性講話を最近の若者は敬遠しますから、そうではなく、技能・技術としてとらえ、教育するのがよいでしょう。よく訓練された従業員は他者が見ても気持ちのよいものです。

Q

学習する風土とはどういうことでしょうか。
また、それをつくるにはどうすればよいでしょうか。

小嶋千鶴子の教え

人事政策の基本はよき風土を維持発展させることにあります。企業の発展は人にあります。発展は変革を予見し、変革を許容して積極的に対応する人間集団をつくることです。

そのためには、新しい知識や技術を身につけなければ進歩はありません。勉強はその一つの手段です。

社会も同様ですが、我々は一見、時が経過した分だけ進歩しているように見えますが、実は後退していることもあります。

学習する風土とは、組織が新しい知識や経験を知恵に変えていく、あるいは、一人の知恵をみんなで共有し、それを活用していく連続した行為だと言えます。

血液が新しい酸素と栄養をくまなく人間の臓器に送り込み、老廃物を体外に排出する機能、また不良の部分を修復、補完していく営みと似ています。学習が風土として定着すれば「再生産」を可能にして、企業本来の富やサービスを提供しながら、増殖活動をすることが可能になります。

さて、ではどこから始めるか？　誰から始めるか？

まずトップから始めましょう。大げさな演説ではなく、一冊の良書を自分のデスクにおいてごらんなさい。勧めるわけでもないのに、部下はそれとなくその書籍を買い求めて自分も読むことでしょう。

ある会社では幹部教育を実施する際に参考図書を買わせたのですが、幹部がそれを自分のデスクの片隅に置いておいたところ、以後女子社員の様子が変わったそうです（どうやらひっそりと読んでいたようです）。

ある幹部は自宅に持ち帰り読んでいると、子供が傍にきて、「私も勉強しよう……」と言って机に向かったそうです。

職場や家庭が一冊の書籍で一変したのです。

広島のある大学の副理事長をはじめて訪ねたとき、デスクに『the four GAFA』がありました。そこから話がはずみ会話もスムーズになりました。そういうこともあるのです。

書籍は自分だけでなく、他人へも影響を与え、人を動かし、人間関係のキッカケにもなりうる力をもっているのです。

読書は自己を肯定し、確信に導き自信のもとになります。反対に違う意見・主張を柔軟に受け入れる弾力性、柔軟性をも育てます。

ちなみに、ある日、小嶋がエレベーターの中で私に対して「えらい厚い本やな。なんや?」と聞くので「立花隆の日本共産党の研究です」と答えたところ「ええんかいな、人事課長がそんな本読んだりして」と笑いながら言いました。小嶋は勉強には鷹揚な人でした。

話はそれましたが、学習する風土は一冊の書籍からでも始められるのです。

Q

教育の効果を上げる方法はあるのでしょうか。

小嶋千鶴子の教え

教育はやりっぱなしが一番いけません。外部へ丸投げなどもっての外です。内部にノウハウが蓄積できないからです。手間と時間を惜しんでもいけません。内部と外部機関を上手に使うことです。それは教育対象者と課題にもよります。

テクニック的な説明になりますが、教育効果を上げるには、教育を、

①いつするか

②誰にするか
③広め方をどうするか
が重要です。この三点をうまく行うことで、教育の効果を劇的に上げることができます。
①の「いつ」については、新任時が一番です。新しい職位になったときで、新入社員教育もこれに含まれます。新しい職務に就いたときというのは意欲の高いときでもあり、動機づけと、新職位の知識と実務の知識を植え付けるのに最適です。新任店長セミナー、新任総務課長セミナーなどがこれにあたります。
次は昇格時で、二番目に意欲が高いときと言えます。

三番目が何か仕事で行き詰まり困っているとき、または問題意識をもっているときです。

そして四番目がこれまでとは全く異なった職務に就いたときです。

新入社員や新任時、また昇格時の研修などはある程度社内で取り組んでいくことができますし、社内化したほうが実務に即しています。

仕事で行き詰まったときや、これまでとは全く異なった職務に就いたときは社外の研修会などへ派遣させたほうが効果は大きいでしょう。

そのためには日ごろから個人のニーズ、状況をつかんでおくと同時に、いつどこでどのような研修が行われるかといった社外情報をも把握しておかなければなりません。

②の「誰に」するかという人選の問題ですが原則的には上位職からです。

次に最も影響力のある人です。この場合、必ずしも上位職とは限りません。かつて私が出向していた会社では、会社の幹部より、労働組合幹部のほうがチカラをもっていました。そのため労働組合の幹部を先に社外セミナーへ派遣して、広い視野と知識を身につけさせました。それにより次第に、組合活動そのものに変化の兆しが見え、変革を受容するようになり、会社再建を果たすことにつながりました。

誰にするかの三番目は年度方針や目標に沿って、当年度の重点施策を担う部署や、プロジェクトメンバーを教育しました。

③の広め方とは、いわゆる共有を図るということです。教育参加を自己申告や公募でするなどして、教育に取り組んでいることを共有することや、参加者一人だけの知識に終わらせないために教育内容や感想、以後の参考とすべきことをまとめた「報告書」を書かせるなどします。また全員の知識技術にすべく「発表会」を開催しました。こういったことも大変効果を上げることにつながりました。

耕作放棄地のような会社

Q

うちの社長は、二言目には教育が大切と口では言うのですが、実際は今まで教育などしたことがありません。どのような説得をしたらよいでしょうか？

小嶋千鶴子の教え

土壌は組織風土です。悪い組織風土では人はなかなか育ちません。それと人材育成には長く時間を要します。松下幸之助さんが松下電器は人をつくる会社と言ったことがあります。企業の永続性を保証するのはとりもなおさず人材です。人材こそがそれを可能にするのです。

働く従業員を「作物」として考えてみてください。

作物を得るには、草を取り、土壌を耕し「元肥」を入れます。

次に種をまくか、苗を植えるかして、水を与え、間引きし、大きくなれば余分な芽をつみ、さらに草を取り、時に応じて移植をしたり、施肥をしたりします。害虫や病気を防ぐために薬剤を散布することもあります。

時間をかけ、そういう手間を繰り返しかけてやっと作物はできあがります。無農薬栽培や有機栽培など、付加価値の高い作物を作ろうと思ったら、なおさら手間がかかるでしょう。

組織（企業）にも同じことが言えます。

従業員に教育という手間ひま、お金をかけることによって、より有能な人材になっていくのです。

ところが、企業によっては全くそういう手間や施肥など何もしないところが多いのも事実です。経費を惜しむのか、スローガンや標語を貼り朝礼や会議での訓示やハッパがけを教育と勘違いをしているのか、能力向上は自己責任であるという信念の持ち主か、それとも教育の仕方がわからないかいずれかでしょうが、全く何もしないのです。

いずれにせよ「耕作放棄地」です。

耕作放棄地では、よい種をまいても芽が出ず、幼い苗は枯れていきます。それどころか、有能であった人材はなじめず離職していくか、やがて能力が劣化してついには枯れていくのです。しかも、一度耕作放棄地になると、作物を作ろうと思ってもその整備に三年や五年の時を要すると言います。

反対に、一度よい土壌ができれば、そこは再生産が可能になります。よき人材は機械で言えばマザーマシンになるのです。

また教育をしない企業が多いということは、逆に考えれば教育さえしっかりすれば、他社に大きく差をつけることも不可能ではないということです。

こんないいことに本格的に取り組まない手はありません。

以上のようなことを話してみてはいかがでしょうか。

実現したあかつきの成長に、きっと社長は目を見張り、あなたを高く評価するようになりますよ。

ちなみに、小嶋は『あしあと』の中で、「教育についていえば、熱心な部署とそうでないところを比較すると、不思議なほど業績の差が現れてくる」と断言しています。

個人が発奮した仕事には感激がある

Q

研修や勉強会を業務だからということでイヤイヤやっています。そのため、身にもついていないようです。どうしたらみんながより積極的に学び、それを業績に結びつけることができるでしょうか。

小嶋千鶴子の教え

個人の意思をベースにした教育や仕事には感激があるものです。感激は人々をよき方向に向かわせ、効力感、達成感を得て高い水準を目指すものです。

個人や集団において、自発的に仕事をするのと、強制的に嫌な仕事をするのとではその出来栄えや達成の満足度に大きく差が出ます。

教育や訓練でも同じことが言えます。

本当に自分にとって必要な知識や経験は何かと真に渇望したとき、その吸収効果は全く異なってきます。

しかし、自発的といっても自分自身ではなかなかつかみにくい場合があるので、そこにはある種の他律的な働きかけが必要になってきます。それが「上司」の役目です。

上司は仕事の目標と個人や集団の現状との差異を発見して部下に気づかせ、話し合いのうえ、その部下の目標を設定します。それによって、その部下にとって必要な知識や経験を本人が知ることができます。

その際、単なる押し付けではなく、上司と部下が共同して目標を設定して目標の共有化を図ることが肝要です。いわば上司は単なる命令指示者ではなく、個人や集団のニーズを発見して、手間をかけながらそれらを仕事や教育に組み立てていく教育者・コーディネーターでもあるのです。

小嶋の仕事や教育のベースには「目標による管理」思想の原点と、人間の行動科学がありました。

Q

たたき上げの古参社員がたくさんいましたが、定年で多くが一線から身を引きました。そのため技術レベル、生産性が落ちたようです。こういったことが起きないようにするにはどうすればいいでしょうか。

小嶋千鶴子の教え

団塊世代がごっそり一線から身を引き、一時期このようなことを多く聞きました。

退職・異動を前提にマニュアル化を進めるなどして組織共有の財産にしておくことです。ジャスコではマニュアルは行動・動作を決めるものではなく、どちらかというと教科書的に作成しました。そのほうが応用が利き、学ぶことが有意義になるからです。

スキルには経験によってしか得られないものがあります。長い経験や試行錯誤によって得られる「勘どころ」「コツ」「センス」「職人芸」「プロ意識」といったものです。

たとえば、優れた整備士は車のエンジン音などを聞いただけで不具合の箇所がわかるといいます。まさにプロ・エキスパートです。

ところが、人事異動などによって新しく配属される人は、その道の精通者でない場合が多々あります。この場合には一挙に水準が落ち、異動が行われるたびに素人集団での業務遂行になってしまいます。

学習効果とは、企業などが生産や投資、または消費の経験を累積するにつれて習熟していき、より効果的な生産方法・技術革新・購買行動などが実現されることです。

学習効果がなければ組織としての優れた経験も個人に属してしまい、いつまでも経験をもたない新人状態が続くことになってしまいます。

いわゆる学習効果が伝承していかない状態です。

スキルを伝承していくには、それを有する者（先生と呼ぶ）を指導者として後任を指導する役目につけることです。

ただし、このようにして得られたスキルを独り占めする人も、存在を誇示するがごとく往々にしているものです。得られたスキルはメンター、コーチとして後任を指導し、学習効果を伝承することを組織文化としなければいけません。

あるいはコツや勘どころを分解整理して「マニュアル」「手引書」「手順書」「トリセツ」にして個人の経験を知識化し、組織の共同財産として組織内の人が手にとり学べる状態にして残しておくのがいいでしょう。

私は関連会社に出向していたとき、毎月の報告書を求められていないのに出したことがあります。月度のＰＬ（損益計算書）、営業報告、人事業務報告などです。小嶋だけではなく、関係する役員へも提出しました。最初に提出したとき「君は結果報告だけやな」と小嶋に言われたので、その次からは翌月度の重点施策も事前に入れるようにしました。

ある日本社を訪ねると小嶋の後ろの書架にその報告書が時系列で並んでいました。一度も褒めてくれたことはないのに、です。そして、異動の際には完璧な「引き継ぎ書」を残し、後任にバトンタッチしました。後任者からは大変役だったと聞きました。

このように学習したこと、実施したことを文書で残すことは大変重要です。

直接学習と間接学習

Q

学習の重要性は承知しています。会社では主にＯＪＴと研修ということでいいでしょうか。

小嶋千鶴子の教え

経験から言えることですが、よきリーダーは部下に良質の経験をさせます。何が良質か否かを知っているからです。悪しきリーダーは無頓着で放任です。結果大きな差が出るものです。

学習には三つあると言われており、研修などはそのうちのごく一部です。三つの学習のうち、一つは直接学習（社会的学習とも言う）と言うものです。人が実際の生活経験や職業上の経験を通じて、自分が直接に体験したことが能力開発につながるということです。または他者の影響を受けて、社会規範や習慣、態度、価値観などを習得していく学習を指します。

二つ目は、間接学習（観察学習）と言われるものです。仕事や学校で模範となる人物から影響を受けることや、観察することによって自分の行動に変化が生じる場合などです。また、真似をすることによって身につき学習となるようなものもこれに当たります。学校の先生や職場の上司による影響もあるでしょう。

最後の一つは、学校の勉強や研修などによって得られる学習です。

この三つのうち、一番学習効果があるのは、最初の直接学習です。次に間接学習、最後が学校の勉強や研修と言われています。

その意味では、研修よりも、社会、職場での「経験」が大きく寄与すると言えます。それも、経験は時間の長さではなく、質が問題です。無意味な長い経験はかえって弊害であり、質のいい経験をすることが重要です。

たとえば「人が育つ店」というものがあるのです。反対に「人が育たない」店もあります。前者の育つ店はオカダヤ時代の伊勢店と岡崎店です。嫁にもらうならこの二つの店の女子社員からというのが当時の若い衆のもっぱらの意見でした。また新店ができるとその二つの店から指導者を派遣していました。ジャスコになってからは、三重地区、東海地区は人材輩出地区でした。

このように、部署によって育つところがあるということは、よき指導者とともによき経験がそこでできるのでしょう。

「管理者の教育責任は非常に重要である。部下の教育に熱心で理解のある上司のところへはだれもがいきたくなる。教育を受けることによって、結果として将来を約束されるケースが多いからです。上司も自分の部下の中から多くの優秀な人材が輩出すれば、自分自身の評価が上がり、社内に有力なコミュニケーションルートができることになる。何かあったとき力となる情報や知識をもつ仲間の輪が広がるということである」と小嶋は『あしあと』の中で言っています。

よき指導者や上司につけること、次に質のいい経験をさせることです。よき指導者につけると、彼や彼女もよき指導者になって、よき循環が生まれます。

最後は研修によって、新しい知識や技術を身につけさせることです。

人はとりまく環境と他人（モデル）によって感化されます。感化は教育の本質です。

Q

創業者一族が経営する会社で、トップは部下に権限移譲をしません。部下は指示されたことのみ行い、指示待ちの状態です。トップはそれも不満でもっと積極的に仕事をしろと言うのですが……。

小嶋千鶴子の教え

権限と能力開発とは別物です。成長の過程で権限移譲しないと不満が出ます。これはいい不満です。ただし言い訳のために権限がないとよく言います。その見極めも必要です。管理のためなら「権限規程」を決め具備すれば済むことです。このような経営者や幹部は本当のところ人に任さず教育する気もありません。それは自分の存在を脅かすある種の脅威だからです。

悪循環の典型ですね。

権限をもつことはとりもなおさず「権力」を維持することである、そう思っているトップはできるだけ権限移譲はしたくないというのが本音でしょう。

「権限移譲、それは結構なことだ、しかし誰に?」「俺は聞いていない」と、このような人はよく口にするために、みんなは萎縮してしまい、結果として組織や人は不活発になり組織の健康にとって大きな危険をもたらすことになります。


日本ではエンパワーメントを「権限移譲」と限定的な解釈がされていますが、本来的には個人や集団が自らの生活等への統御を獲得して組織的・社会的に影響を与えることです。

また、企業などの集団では、働く人々に潜在している能力や活力を引き出し、その力を会社の成長発展に結びつけることを言います。すなわち能力開発に用いられることが多いのです。

つまり、権限移譲はエンパワーメントの一部分であるととらえたほうがいいでしょう。

エンパワーメントには、人は誰もが素晴らしい力をもっており、生涯にわたりその素晴らしい能力を発揮できるという前提があります。すなわち肯定的な人間観です。

権限があるかないかとは全く異なるものです。指示や命令がなくとも、自己の職務を改善や工夫して自己決定権をふやしていくことで、自己の潜在能力を引き出し、より成長の原動力にすべきと考えます。

冒頭の質問の状況への対処には、ひと手間かける工夫がいります。トップが一番嫌がることは「突然」とか「ビックリさせられる」ことです。事を始める場合には、事前に相談をもちかけ、予告、ほのめかしなどの〝ほぐし〟が必要です。

知り合いにトップへの対応が先天的に上手な人がいました。相手が苦手な人であっても彼は「ご相談したいことがあります」「ご指導受けたいことがあります」とアポをとり、自分の仕事をうまく進めるため「権限移譲」の承認を受けていました。相談を受けて気分が悪くなる人はいませんから、うまいやり方ですね。

また、私は若いうちから「結果は会社や皆のもの、プロセスは自分のもの」と考えていました。これも自分を保つための一つの工夫です。

予定された報酬には効果がない

Q

社長からうちも成果主義を導入せよと指示を受け、導入予定です。どういうところに留意すべきでしょうか？

小嶋千鶴子の教え

業種や規模によって導入の仕方は異なってくると思いますが、まず組織に「成果尊重の精神」と「人間尊重の精神」の融合がなければいけません。二者択一ではなく、それぞれを考慮しながら検討していくことしか手はありません。ジャスコ時代、私は幹部社員の評価を社長以下それぞれの長を集めて、合議制で侃々諤々と議論・評価をしました。合議でしか生まれない知恵もあるのです。

よく働いた人には報いる、それは当然のことと思います。

そこで、まず、成果とは何かを考えてみましょう。売上や利益なのか、それとも会社の価値・評判を上げた行為なのか、それとも人材育成等に貢献した行為かなどです。

次に、その成果の評価をどうするか。評価の対象は個人なのか部門なのか、さらには、成果のご褒美は「報酬」なのかなどを明らかにしなければいけません。

一般的には、営業社員に適用され、報酬（給与・ボーナス）として受けることが多いようです。先ほどの評価、対象など難しい問題もありますが、成果＝報酬はシンプルでわかりやすいので、ここでは成果＝報酬という面の効果について述べたいと思います。

結論から言えば、それほど効果がないと言われています。はじめのうちは満足感や達成感があったものが、次第に報酬をもらうことが目的化してしまい、ご褒美としての報酬が動機づけにならなくなってしまうという研究結果があるのです。

ニンジンを目の前にぶら下げられた馬のようになり、自尊心さえ失うこともあります。

動機づけには、外的なものと内的なものがあります。成果＝報酬の場合は外的動機づけであり、長続きせず、それどころかこれを行うことでモチベーションが下がると言われています。

たとえば、客観性のない評価基準により、成果を左右する要因やプロセスを考慮しない「結果主義」になってしまったり、上からの押し付けによる「ノルマ主義」に陥ってしまったりということがあります。

また、将来性や長期的な貢献、チャレンジなどは失せて短期目線になることがあります。それともっと重要なことは、横とのつながり、組織全体の共同の精神が失われ、「自分」だけの生存に注力して、部下育成、他人への配慮といった共同体精神が崩れて、「あさましい」組織になってしまう可能性があるのです。

成果主義の利点は多くあるのも事実ですが、反面危険性もはらんでいることを認識しておくことです。

本来人間は、興味や関心をもち、趣味や仕事など内容そのものにおもしろさや充実感を覚えて頑張ろうとするものです。

Q

従業員も多い会社ですが、そのため社内の人材発見が遅れているように思います。少しでも早く発見して、将来の幹部候補として早く育てたいのですが、何か方策はありますか。

小嶋千鶴子の教え

私は、天才はいらない、勉強する気のない人もいらない、必要とする人は絶えず勉強する人と失敗を契機に学ぶ人でした。優れた常識人をつくることと、従業員のボトムアップにも力を入れました。

年齢を問わず、早期にその人の能力・資質を見抜いて適合する職種や立場に置くことは、本人にとっても企業にとってもよいことです。

鉄は熱いうちに打てということわざどおり、そうしないと「旬」や「鮮度」が劣化してしまいます。

では、どうしたら早期に人材を発見できるか。学歴は一つの尺度ではありますが、やはり使ってみてから選んでいくのが順当なやり方です。

発見はあらゆる機会を通じて、あらゆる角度から見られるようにすべきです。よく上司の推薦制度によって選ばれるというのを見受けますが、これはこれで意味はあるかと思いますが、どうしても上司の好みといったバイアスがかかります。また、実務遂行を中心に見がちです。

本人の潜在能力や資質を見抜くには、見る側の知識と技術を要します。ラインからの推薦のほかに「横串」として公正・公平な機会（システム）をつくることが肝要です。

たとえば、登用試験で知識の程度を確認し、面接による態度や物腰を見るなどして資質を見るのも一つです。そのほか「改善コンクール」「論文コンクール」「提案制度」「社内研修」等を通じての評価観察、また人事考課の高い人を集めての面接の実施、人事セクションによる「定期面談」「トップや幹部による現場視察」、あるいは専門家による「ヒューマンアセスメント」の実施などなど、多面的に見ることが効果的です。

多面的に見る機会を設けることによって、日常業務だけでは埋もれていた人物が発見されることがあります。

そして若いうちに早く発見して、育成の上手な上司につけて、重い仕事や責任を負わすなどしながら育成します。ここで大事なのは、肩書が大きい上司ではなく、育てようという気持ちがあり、またそれが上手な上司の下につけることです。

最後にもう一つ加えると、はじめから官僚組織のように「キャリア組」をつくらないこと。それもまた目を曇らせる原因となります。

Q

人を教育する場合、どれぐらいの期間を想定したらよいでしょう？上司からはすぐ役に立つ教育はないか。短期間にせよと言われます。

小嶋千鶴子の教え

会社生活だけでなく、長い人生の中で人を見ていると、退職後も全く別の職業や趣味の世界でバリバリと活躍する人もいれば、出世し活躍していた人が肩書をなくした途端、萎んでいくこともあります。人間の可能性とはそういうものです。教育の本質は潜在能力を顕在化させることです。時・ひと・場所・仕事によって大きく開花するものです。

教育期間やその効果について、どれだけやればどれほどの効果があるということは一概には言えませんが、経験上言えることは、人はある日突然能力が開花することがあるということです。

それまであまり目立たなかった人が、目が覚めるがごとく突然に張り切りだす。そして大きな成果を上げる。他人からすると一時の偶然の産物に見えるようなことがそれ以降も続くのです。

雌伏するという言葉のように、時を得て、場所を得て、仕事（適職）を得て、はたまた仲間を得たりして、それまで学習し、蓄積されていった実力が、何かのキッカケに発揮されたのかもしれません。学習により感度のいいアンテナを張れるようになった結果かもしれません。

また本当に偶然な幸運「セレンディピティ」によって一つの成功を収めたことにより、自信がついて、それが実力になっていくということもあります。

いずれにせよ、チャンスは準備していない者には訪れません。

ただ、真逆もありえます。

若いうちに才能を見いだされ、用いられてバリバリと活躍していた人がある日突然風船の空気が抜けたように萎んでしまう。エネルギーが切れてしまって、なかなか復元できずにそのまま定年を迎える、というような人もいます。燃え尽き症候群（バーンアウト）です。

おそらく、雌伏の反対で、自己の点検整備や補充（つまるところ、学習）を怠り、そのためどこか機能不全を起こすのでしょう。小嶋は、一〇〇歳を超えてなお、新聞五紙を読み、エコノミストを購読しています。終生、学習しつづけています。

「注意しなければならないのは、教育と訓練は異なるということです。訓練だと、方法によっては三～五カ月でできます。しかし教育には時間がかかるのです。個々人がその気にならなければ押しつけても効果はありません。ニーズをベースにした自発性がなければ教育にはなりません。その意味でも、教育的風土づくりが重要になってきます」（『あしあと』より）

教育のスパンは長いほうに越したことはないと私は思います。

第6章 プロフェッショナル仕事術

Q

自立したビジネスマンになるために必要な資質とはどのようなものでしょうか。

小嶋千鶴子の教え

私は特に経営者の傍には「明るい人」を用いました。その理由は重圧を背負った経営者はどうしても暗くなりがちだからです。明るい人とは一般的性格でいう明るい暗いではなく、前向きな思考性・志向性、傾向をもつ人です。

ここでは行動のもとになる「思考」「志向」「性質」といったものについてお話ししたいと思

います。これらは核となる先天的なものもありますが、環境・学習・経験によって変わるものでもあります。

たとえば、職業・役割・立場などによって性格は変わるとされています。「役割性格・職業性格」と言われるもので、一般には「らしさ」と言われています。

これからの社会で必要とされるのは、スキルとは異なり、その原動力となるものです。

第一は「あくなき好奇心」をもつこと。好奇心は世界を広げ視野を広くすると同時に、学習意欲をさらに促進させます。いわゆる5W1Hへの行動の引き金にもなるものです。好奇心のない人は停滞し進歩もありません。

第二には「ねばり」です。ねばりがなくしては得るべきものも得られません。困難なことやハードルが高くともあきらめずに挑戦する姿勢を養いましょう。あきらめたとき、それは「酸っぱいブドウ」となるのです。

第三には、「柔軟性」をもつことです。世の中には二分法では解決できないことのほうが多いものです。柔軟性とは自己の論理だけでなく、相手の論理・感情の発露をしっかりと受け止め、傾聴、共感、適応、アレンジなどをすることができる力です。

第四には「楽観性」です。根拠なき安心や楽観は困りますが、危機や困難に直面したとき、悲壮・深刻にならないある種の「自己信頼・自己確信」があるかどうかです。

個々の問題に直面した場合に「できる」と考えるのと「できなかったらどうしよう」と考えるのとでは各段の差があります。また、悪い結果であったとしても、それを次につなげることができるのは楽観性の持ち主です。失敗した際の復元力も楽観性のある人のほうが早いものです。

そして、第五には「リスクテイク」の姿勢。「馬に乗らない人は落馬しない」では、未知なる時代を生き抜く原動力にはなりません。

ただ、リスクテイクは無謀や蛮勇とは本質的に異なります。ある種の信念・責任感のもと、下準備をしたうえで前のめりで挑戦していく強さをぜひ身につけてください。

なお、小嶋はあるとき、「結局のところ責任感の強い人が最後には勝つな」と言ったことがありました。これは、精神的自立の根本を言ったのでしょう。

Q

まだ小さな仕事しかできませんが、いつかは大きな仕事ができるような人間になりたいと思っています。どのようなことを心がけていけばいいでしょうか。

小嶋千鶴子の教え

些細なことであろうと疎かにする人には「大きな仕事」は任せませんでした。たとえばルーズな人間や悪い習慣(深酒・バクチ・浪費)をもつ人は特にそうです。習慣は人格に関わることです。習慣を変えることはある種の困難さを伴いますが、慣れればなんでもないことです。

「習慣は第二の人格である」とは昔から言われていることです。

書経には「習い性となる」という言葉があるし、カール・ヒルティは「人生の特性を決定するのは日常の小さな事柄であり偉大な行動ではない」としています。

さらにスティーブン・R・コヴィーは「7つの習慣」としてより具体的に啓発的に「こころの置き方と行動」について述べています。

ことに我々働くものにとっては、この習慣は大きな意味をもちます。よき習慣は、人間成長の原動力にもなりうるし、仕事の実践力、自己の能力開発に大きく関わってきます。

たとえば、高学歴で成績がいい人の共通点は意外にも「朝食を必ず食べる」とか「挨拶をする」「家の手伝いをする」など、日ごろの規律ある生活態度であることが多くあります。ある種の自己規制・自己統制ができているということでしょう。そのことによって集中力・持久力などが身につくのでしょう。

私が最も信頼し、尊敬する友人は、若いうちから家に漫画や週刊誌、そして仕事もできるだけもち込まないことを信条としていました。常に手帳とメモとペンと付箋とをもち気がついたことはメモをし、書籍はお金を惜しまず買い求め、新聞などは切り抜きをしスクラップブックにしていました。

さらに、外部セミナーに参加し、研究学会の会員には進んでなり、デスクの前には気に入った「標語・スローガン」を掲げ、現在の仕事・課題・新しいアタック先などを何十年も書き続けています。そして、毎朝神棚に手を合わせ、よき習慣の実践者として、仕事も人生も充実した生活を送っています。

このように、よき習慣がよき人生をつくる第一歩と言えるでしょう。

加えて、生きていくうえで確固たる価値観・考え方・基準・拠りどころ・指針など絶対譲れないもの、いわゆる〝美学〟をもつといいでしょう。美学は、良質な経験を積んでいく中で、自分の中でつくりあげていくものです。

小さな習慣の積み上げが良質な経験へつながり、美学となって、大きな達成へと導いてくれるでしょう。

そして、その習慣の一つに、ぜひ読書を入れていただきたいと思います。

小嶋も次のように言っています。

「わずか五十年で人間一人が経験できることは、たかが知れている。その代わり、私たちは先人をはじめとして自分以外の多くの人の知恵に学ぶことができる。これはわれわれ人間に与えられたすばらしい特権である」(『あしあと』より)

Q

国際競争力がますます求められる中で、ビジネスマンとしてどういったことを意識していけばいいでしょうか。

小嶋千鶴子の教え

私は会議や意思決定検討の際にいつも「アンチテーゼ」を投げかけました。もちろんなぜを含めてですが、他の人はあまのじゃくとかへそ曲がりとか言っていたと思いますが。時代が変われば意味も変わることもあります。今までヨシとしたことが今日では通用しないこともあります。こういう変化の激しいときほどHOWではなく、なぜかの問いかけが重要と思います。

国際的な同時性と変革のスピードはものすごいものがあります。

日本では、固定電話のインフラを整備するのに何十年という歳月をかけてきましたが、開発途上国では携帯電話そしてスマートフォンの普及で、それをすることなく一挙に電話が広がりました。

こうなってくると、従来型では変化に対して組織・人材・技術は全く追いつけなくなります。従来型とは、真似をしてそこから工夫改善をしてよりよきものをつくる、あるいはモデルとの差を「問題」としてとらえて「解決する」というスタイルです。

このような、従来のようなＨＯＷを用いた「問題解決型」では対処できなくなってきているのです。

むしろ「問題」をつくり出す、ニーズをつくり出す側にシフトすべきでしょう。

つまり、ＷＨＹを用いた「問題提起型」です。

小嶋はよく「なぜ君はこういうことをしているのか?」と尋ねましたが、「はい、上司からそのようにせよと言われたからです」と、自分で考えもせず間違っていると思うことでも淡々とやっているようなことは嫌いでした。

「なぜ」「なぜか」がこれからのキーワードです。

Q

プロ経営者と言われる人が最近は活躍していますが、そのプロとは一体どういうことでしょうか。

小嶋千鶴子の教え

一口で言えば、プロフェッショナルな働き方を身につけるということでしょう。それによって人生と仕事の調和があり、働くことを楽しみ、ポジティブな思考、クリエイティブな仕事の仕方を身につけるしか方法はないと思います。自己啓発とか自己革新とか言われる領域でしょうか。

プロとアマの違いは、プロは「均質」な成果・産物を生むのに対して、アマは「不揃い」すなわち偶然の産物として時にハッとしたものをつくる、しかし、同じものができる再現性に乏しいという点にあります。

プロは前提として基本がシッカリとしているということでしょう。基礎が不安定や脆弱であっては高層建築は不可能です。

よき基礎を築くには、よき経験をしそれを知識化し、さらに知識を実践に移すことによって経験化して、直観力と論理思考を身につけ、自己の裁量をふやして未知の世界にリスクテイクしていくことです。

プロの条件としては、他者より優れている強みをもっていること。範囲は狭くても組織内や業界内等では抜きん出ていること。蓄積された知見や技術、経験を有していること。ここまでは美術の世界で言えば「工芸家」「職人」「エキスパート」と言われる人たちでしょう。

しかしながらプロに期待されるのは、ここからさらに新しい分野に対して勇敢に取り組み、新しい価値を創造し発信するチカラです。

その意味では優れたプロは芸術家に似ているとも言えるでしょう。

具体的な例を言えば、北大路魯山人は最後に少し手を入れるだけで、「工芸品」を「芸術」に変えるチカラをもち、写真家の大石芳野氏は報道写真家として対象物を「記録」から人々の心に訴える「記憶」に変化させるチカラをもっています。食の世界でも同様で、優れた調理人は「ひと手間かける」ことによって料理を一変させます。

これが、いわゆる「ブランド力」となり、ブランドは一人で領域を拡張する（独り歩き・伝播）するチカラをもっています。

そういった意味で、小嶋はプロの人事専門経営者でした。

ある日、同業他社の人事部長と会ったとき、「この間なあ小嶋さんにどえらく怒られましたわ。あんたみたいな勉強せん人がこの業界にいると業界全体がおかしくなるって。そのときは給料ももろてへんのになんで私が小嶋さんに怒られなあかんのやと思いましたが、よく考えてみると、あれは私に人事部長の職責を果たせというお叱りだったのだと思います。会社で天狗になっていたのと思います」という話を聞きました。このように社外の人であってもズバッとものを言い、業界全体の育成を考える人でした。

個々人もアマからプロへ、そしてさらにプロとして挑戦・創造を通じて芸術とも言える世界を目指したいものです。

危うい転職・よい転職

Q

大学を卒業してから八年、ずっと同じ会社に勤めてきましたが、そろそろ新しい何かに挑戦してみたく、転職を考えています。転職について、何かアドバイスはありますか。

小嶋千鶴子の教え

団塊の世代が現役から離れ、そのジュニアの世代が中心となっています。新しい起業家は二〇代、三〇代で起業しており、流動性の少ない日本にあって、ITなど新しい知識や技術分野においてはますます流動性は高まるものと思います。もう一方の課題は中高年の活用です。単なる嘱託や補助的・補完的な仕事ではなく、有能な知見を活かす工夫がさらに求められるでしょう。

最初の就職は「くじ」であるとドラッカーは言います。学校を卒業するから就職先を探すというようなことがほとんどで、自分自身のことさえまだ何もわかっていないのに、ましてや相手先のことがわかるはずもありません。まさに冒険です。

そして、最初の組織で一定の期間を過ごすと、ようやく何となく見えてくるものがあります。単純な仕事の中に、将来につながる深い意味があるものを感じたり、自分自身の今までとは違った自分を発見したりします。

かつて転職はマイナス面の評価がされていましたが、今日ではそれはなくなりつつあります。とはいっても私の経験（転職のキャリア相談）からすると、危うい転職というものはあります。

それには共通点があります。一つは過去の経験を全く捨て、新たに出発するという過去の知識や経験を断ち切るような転職。やはり経験の連鎖は断ち切らないほうが好ましいでしょう。

また、何回も繰り返す転職、これも危うい転職となります。回数で言えば三回までで、四回以上となると本人責任が問われることが多くなります。自分を知らなすぎるか、企業を見る眼が乏しいか、もしくはこれといった強みのない人であるか。

そして花を求める蝶のようにうまい話に飛びつくような転職をする人。価値観の合わない組織とは仮に報酬や待遇がよくても、早く見切りをつけたほうがいいでしょう。そんなところにいると人間が卑屈になってしまいます。

ではよい転職とはどういうものか。一つは若いうちの転職です。若いうちは可能性があり、エネルギーも一般的には高く、属性（結婚・家族・報酬・生活）に比較的左右されない自由で選択の幅が広い転職ができます。また、転職であっても起業するにしても、仕事に集中専念できます。

また、中高年では五五歳役職定年や六五歳定年（といっても実は六〇歳になると報酬は減額になるでしょうが）といった区切りの場合の転職は一つの好機です。健康年齢から言えば七〇歳から七五歳までは人生の第二ステージとして現役同様に働くことができます。

これも経験から言えば、学歴も高く有能で、さらには経験を積んだ人が定年といった型どおりの制度で社会から退場するのはもったいないでしょう。

このような有能な人材は、東京・大阪といった都市に集中し、地方では依然として不足しています。また、大企業ではこのような人が余っており、一方中小企業は不足しています。地域、企業の大小に偏りがあるのです。

第二のステージを知識・経験を活かして活躍の場を広げることには大賛成であり、よい転職と言えるでしょう。

Q

最近、仕事がおもしろいと思えなくなってきてしまいました。

小嶋千鶴子の教え

人々が仕事をやらされていると感じるか、自らやっていると感じるかでは大きな違いがあります。自らの意思であれば困難な仕事も苦になりません。数値目標やKPIだけでは人は動きません。もっと上位思考の人生を渡っていく「哲学」「思想」に近いテーマをもつ必要があります。使う側も使われる側も共に考えるべきことだと思います。

生産性を上げるには、仕事の標準化、単純化、専門化の3Sを推進することがいいと言われています。これらを進めることによって仕事は能率・効率が進むことに間違いはありません。

しかし、一方では、このような標準化、単純化、専門化された仕事は機械にとって代わられ、最近ではこのような仕事はAIの普及によって駆逐されるだろうという予測もされており、現実にそうなりつつあります。

また、グローバル化によってこれらの仕事は海外の労働賃金の安いところを求めて移転も進んでいます。

つまり仕事が「コモディティ化」して「コスト競争」にさらされているのです。

そうなってくると、自分の仕事が社会に価値をもたらしていないと感じるようになる人が多くなるそうです。これはとても不幸なことです。

職業に貴賤はありませんが、その仕事に意味があるかどうかは重要です。

仕事の意味は人から与えられるものではなく、自らが仕事を通じて会得していくしかありません。

仮に単純な仕事であっても、その中で小さな「自己決定権」を見つけ、行使することによって、意味を見出していくことができるようになります。その内発的な動機づけを自ら行うことができれば、その人の能力を変える出来事になりえます。

一方、意味のない長い経験は、習熟ではなく、惰性になり知的ひまをもて余すようになります。要は飽きるということです。軽い慣れた経験を長く積んでも、そこには意味はありません。

よき経験とはそのこと自体に意味があり、人間本来の創造性や工夫、改善といったことや、役に立っているという「効力感」「成長実感」を得られる経験のことです。

そのためには、過去の経験をリセットして新しい知識や経験（転職・職種異動）をして新しい重い課題を自らに課すこともいいでしょう。

また、仕事を与える側にあっても、企業の存立の意義と仕事の意味を伝え、共感を得、人々が成長実感と幸福感を得られるような、動機づけ、リーダーシップを発揮することが必要です。

ドラッカーの言葉を借りれば「自らの成長のために最も優先すべきは、卓越性の追求である。そこから充実と自信が生まれる。能力は仕事の質を変えるだけではなく、人間そのものを変えるがゆえに重要な意味をもつ。能力がなくては、優れた仕事はありえず、人としての成長もない」といったところでしょうか。

仕事に意義を見つけることによって、人としての成長、人生の豊かさは大きく違ってくるのです。

雑務は「本務」を駆逐する

Q

日々の生活や仕事に追われて、なかなか夢の実現へ着手できません。どうすればいいでしょうか。

小嶋千鶴子の教え

何かを得るには捨てなければならないことがあります。過去にこだわり、小さな成功に満足していれば、成長もなく大きな成果は得られません。店舗と同様に仕事を見直し、スクラップ＆ビルドを行わなければなりません。岡田屋の家訓にある「大黒柱に車をつけよ」は単なる立地の変化への対応ではありません。精神的なことも含めもっと広く解釈できる家訓でした。

本務とは本来やるべきこと、またはクリエイティブな仕事と理解していただければいいでしょう。

一方、雑務とは雑用だけではなく、過去の出来事の処理（過去の不始末などの処理ほどつらいものはない）とか後追いの仕事、先人のやったことをなぞるような仕事、細分化されすぎた単純繰り返し作業、自分で判断が下せないような仕事、誰でもできる仕事のことです。

これらはマニュアル化された、拡張の余地がない単純労働です。拡張の余地がないとは、多くの仕事をこなそうとするとそれに比例して人数もいる仕事です。なかなか生産性が向上しない仕事です。

このような雑務に追われていると、人間本来の創造的で主体的な、未来志向や目標志向、最上志向が失われていきます。

では、どうすればいいか。解決の方法は時間の使い方にあるとドラッカーは言います。つまり、時間の配分です。

たとえば有名な経営者で、義理のパーティや仲間うちの会合、ゴルフには行かない、それよりも自宅で静かな時を過ごし、書物を読む時間にあてるという方がいます。要は何をするかではなく、「何をしないか」に比重を置くのです。

あるとき、棚卸しの監査責任者として店舗におもむいていたところに小嶋から「すぐに帰ってこい」という電話がありました。「今監査中です」と応えたら「君の仕事は人事課長やろ。人事課長はジャスコで一人しかいないやろ。監査は誰かにさせろ」と叱られました。

年末年始の店舗応援も小嶋は人事本部の課長以上にはさせませんでした。自分の本分・本務は何か、そして、それ以外は雑用だと言わんばかりでした。

このように小嶋、そして岡田卓也に共通しているのは物事に執着することよりも「捨てる」ことでした。その分、得ることも多く、大きいように感じます。

雑務とは何かを規定するのは本人ですが、いずれにせよ、よりシンプルに手放すものを決することです。

Q

社長の話を聞いていても、自分の心に響いてきません。自分がズレているんでしょうか。

小嶋千鶴子の教え

人は顔かたちが異なるように、仕事観・人生観・人間性も異なります。達成動機の強い人、友愛動機の強い人などさまざまです。はじめは、経済的動機が強い人であっても、責任を得て、その立場を得るごとに変わっていく人もいます。そのように価値観は固定ではありませんが、環境や育成の過程で得た基本的価値観はそうたやすく変わるものではないこともたしかです。

人はなぜ働くのかというのは、仕事観の問題です。その人にとって、なぜ仕事をするのかの理由となるものです。

仕事観は三つに分類することができます。①内因的仕事観、②功利的仕事観、③規範的仕事観の三つです。いずれも明確に分離されているものではなく、バランスの問題です。

①内因的仕事観は、さらにやりがい、成長、関係性、認知、仕事内容に分けて考えることができます。

やりがいとは、やりがいや達成感を味わい、新たな課題に挑戦し、自分の能力をフルに発揮したいといった思いです。次に成長とは人間として大きくなりたい、自分の世界を広げたい、できないことをできるようになりたいということ。関係性とは誰かの役に立ちたい、人に感謝されたい、仲間と一緒にやりたいなど関係性を重視する動機です。次に認知とは自分の存在価値を認めてほしい、責任ある仕事をしたいというようなものです。仕事内容は、自分のやりたいようにやりたい、楽しみたい、創造性や独自性を発揮して自分らしい表現をしたいといったものです。このようにやりがい、成長、関係性、認知、仕事内容はいずれも仕事をするポジティブな動機です。

②功利的仕事観は、上昇獲得型、損害回避型の二つに分けられます。前者は言葉どおり社会

的地位、評価、権限、裁量を獲得して上昇意欲を満たすことが動機で仕事をすることです。損害回避型とは経済的自立を果たしたい、所属や肩書を与えてほしいというような動機です。

③の規範的仕事観とは仕事をすることは人として正しいことだというような社会規範を大切にすることであったり、会社を成長発展させ、世のために尽くしたいといった動機です。あるいは次の世代に何かを継承し残していきたいなど、どちらかというと人間的・道徳的・模範的な仕事観を言います。

仕事観は最初からもち合わせているものではなく、時を経て、経験を経て、立場を得るごとに、価値観も得、さらに変容させていかねばならないものです。

いずれにしても、その属する組織の基本的な価値観に合致することはとても肝要です。この価値観に大きなズレがあるとその組織にはなじまず、組織から離れることにもなるでしょう。

自分自身の仕事観と所属する組織の価値観によって、仕事への向き合い方が変わってきてしまうことを知っておきましょう。

Q

私は頭も悪いし、学歴もなく、特別なコネも特技もありません。こんな私でも、今から勉強してなんとかなるものでしょうか。

小嶋千鶴子の教え

私は、自分で勉強する意思のない人を評価しませんでした。社内教育体制をつくり、皆が勉強する風土をつくりました。それは、社員の能力の可能性を広げて活躍の場を与えること。ひいてはその人の生涯賃金を高めるためだという信念をもっていました。

「教育は最大の福祉である」という考え方でした。

我々の最大の資源は「自分自身」であることに異論はないでしょう。

この自分という「人的資本」の価値は、どれだけ自己に投資したかによって変わります。

第一には、健康と安全への投資です。健康であることは幸福の何よりも基本です。健康でなければ、目標を達成することはできず、長い人生を豊かに渡っていくこともできないでしょう。

そして、第二には、教育やトレーニング、移動の自由性への投資です。

人生は学びの場であり、教育への投資は、学習し、知識とノウハウを吸収し活用することで、まぎれもなく自分の生産性を高め、収入を高めることができるようになります。

アメリカでは高度な教育を受ける人ほど生涯収入はふえ、またそういった人ほどより高齢まで働いていると言います。また、収入の多い人ほど貯蓄率が高いとも言います。貯蓄はさらに自己を開放し、選択肢も広げてくれます。

また、個人の能力を上げると同時に、ソーシャルスキル、すなわち他人と協調して仕事をする際のコミュニケーション能力、説得、説明、傾聴などの社会的能力も教育やトレーニングによって身につけることができます。

移動の自由性への投資とは、自分自身の能力伸長や収入増加のためには、いつでもどこでも移動できる態勢（長距離を移動する、住居をかえる等）を整えているということです。

自己の健康と教育への投資は再生産し、よき拡大循環をうながすということでしょう。一説によれば、中国や韓国の上昇志向の若者は収入の三〇%を貯蓄や自己投資にまわしていると言います。本も読まず、人の話を聞かず、漫然と仕事をこなしている人ばかりになったとしたら、日本が後れをとるのももっともです。

成功を手に入れた人は終生学び続けた人なのです。結果を先に心配するよりも、まず学びはじめることです。

「知識は後の世まで宝、千金の金といえども一日学ぶにおよばない」

小嶋が、元社員に送った言葉です。

Q

今四〇代でミドルにさしかかったところですが、年金問題もあり、老後の生活について不安があります。人生を豊かにするのに大切なことはなんでしょうか。

小嶋千鶴子の教え

個人が、物質的成功を収め、精神的な幸福感を高めるためには、自分自身が明確な目標をもち、それに向かって計画を立て実行するのみです。また、人間的に成長するという経験は、その人に深い満足感をもたらします。

橘玲氏は著書で、人的資本、金融資本、そして社会資本を幸福の三つのインフラとし、これを築きなさいと言っています。

人的資本とは文字どおり、自己への投資をすることによって能力を高め、自己実現を可能にします。別項では自己の生産性の向上としてとらえて説明をしました（二三六ページ参照）。金融資本とは簡単に言えば、現金、預金、株式等を言い、これらがなくては、「自由」が限定されるとしています。

社会資本とは、友人、仲間など、助け合う共同体としてのいわゆる人脈です。

仮に親の遺産を相続してお金だけがあっても、本人に能力がなく、人脈もなければあまり幸福とは言えないでしょう。これは、よく高額な宝くじが当たった人が、結局不幸になったという話を聞きますが、それを考えればわかると思います。

また、お金も本人の能力もなくても人脈として仲間が助け合うなど一種の共同体・扶助組織を構成して幸福な人もいます。人的資本が充実していれば、精神的に高度な動機を達成できるでしょう。豊かな人脈はそれ自体喜びであり、助け合いの精神はある種の充実・幸福感を覚えるものです。

いずれにせよ、自己の能力開発、ある程度の貯蓄、仲間の三要素は幸福の要素であることはたしかでしょう。幸福の幸とは精神的な意味合いをもちますし、福とは富ということと考えれば納得のいく話です。

ある人が、白寿を迎えた小嶋へメッセージを寄せました。

昭和三七年九月一六日の「内定者懇談会」で小嶋さんから「意識的観察」のご指導をいただきました。自分の中で劇的な変化のはじまりを感じました。退職後も現役で仕事をさせていただいておりますが、問題が起きた時「君この問題どうするんや」と小嶋さんの声が聞こえます。小嶋さんの作品にふれながら小嶋さんならどう解決するかなと思い、問題解決を楽しんでいます。人として、商人として、いかに生きるかを教え、導き、見守っていただきました。小嶋さんに出会い、「素晴らしい幸福な人生」をいただきました。本当にありがとうございました。

単なる仕事だけではなく、豊かな人生を送るため、人的資本、金融資本、そして社会資本の三つの柱を築きたいものです。

おわりに

前著『イオンを創った女』の「実践編」として、今回『イオンを創った女の仕事学校』を上梓させていただきました。前著は、経営者の方から一般のビジネスパーソン、あるいは子育て中の主婦の方、高齢の女性など多岐にわたる方々にお読みいただき、ご意見、ご感想、そしてご質問をいただきました。それらに、書籍の中でそのご質問にお答えさせていただきました。

ご承知のとおり人のことと組織のことについては、なかなか他人に相談しにくい面がありますし、またそれへのお答えも時・相手・場所・状況といった与件要素も関係し、一概にスパッと快刀乱麻にすることができかねることもありました。それは人事の問題は静止状態ではなく動態的で、複雑な人間関係と仕事にからみあうものであるからです。

我々は一部の人を除いて、何らかの組織に属するか、あるいは組織と個人、組織対組織の世界に生きていると言っても過言ではありません。そこで、組織とは何かに多くの紙面をさきました。組織は人を活かす魔法の杖であると同時に人のチカラを減殺する側面を持っています。組織は手段であり目的ではありませんが、この組織のもつ二面性を正しい知識と認識をもって采配しないと本来の目的の達成はおろか途中で頓挫してしまうことになります。

昔から小嶋千鶴子氏は、こちらが抽象的な質問をすると返ってくる答えは具体的であり、具体的な質問をすると抽象的な答えが返ってきました。ひと言で言えば、空理空論はしない経営者の姿と、もう一面は物事を抽象化して相手に考えさせる余地を与える哲学者・教育者の姿でありました。

思い返せば、まさに私たちの職場は学ぶことの多い「仕事学校」でした。岡田屋の仕事学校で育った社員はジャスコとなり広い活動の場を得て、全国各地、特に未知の東北地方、関東地方に勇躍旅立っていきました。ナショナルチェーンとしての地歩を築いた人たちだったのです。

彼らは皆ラッセルをする人でした。雪山や雪原を先頭に立って踏み固めていく人たちでした。

なぜ勇躍して先頭に立ちえたか？　それは後ろでシッカリと自分を見てくれている人がいたからです。こういう安心感が人を動かすのでしょう。その見てくれている人とは他ならぬ大きなラッセルをする人、小嶋千鶴子氏と岡田卓也氏です。このようなことが実は組織運営上最も肝要なことなのです。「組織はリーダーを得てはじめて機能する」とはウォレン・ベニスの言葉ですが、まさに魂の入らない組織は画竜点睛を欠くがごとく絵にならないのです。

今回は執筆に多くの励みをいただきました。前著『イオンを創った女』を読んでいただいた読者の皆様はじめ、とりわけ、ご多忙のところご面談のうえ温かいご支援をいただきました、株式会社ファーストリテイリング代表取締役会長兼社長の柳井正氏、読売新聞にて書評をいただきました文芸評論家の友田健太郎氏、小売業界に精通され的確な書評をいただきました日経新聞編集委員の田中陽氏、「週刊文春」での私の読書日記にてご感想をいただきました、ライザップグループ代表取締役社長の瀬戸健氏、「週刊ダイヤモンド」の知を磨く読書欄にて書評をいただきました作家の佐藤優氏にこの場をかりて厚く御礼申し上げます。

最後になりましたが、今回もお世話になりましたプレジデント社の桂木栄一書籍編集部長兼書籍販売部長様とメディア・サーカスの作間由美子社長、副社長兼編集の飯嶋容子様にはことのほかお世話になりました。併せて御礼申し上げます。

令和元年九月吉日

東海　友和

主要参考文献等（順不同・著者等敬称略）

『選択の科学』　シーナ・アイエンガー著　櫻井祐子訳　文春文庫
『脳科学は人格を変えられるか？』　エレーヌ・フォックス著　森内薫訳　文春文庫
『あしあと』　小嶋千鶴子著　求龍堂
『小売業の繁栄は平和の象徴』　岡田卓也著　日本経済新聞出版社
『イオンを創った女』　東海友和著　プレジデント社
『「豊かさ」への自己管理術』　ジョン・W・ケンドリック、ジョン・B・ケンドリック著　山根一眞監修　日本生産性本部
『働き方の哲学』　村山昇著　ディスカヴァー・トゥエンティワン
『アディゼス・マネジメント』　イチャック・アディゼス著　風間治雄訳　東洋経済新報社
『会社成長の理論』　E・T・ペンローズ著　末松玄六訳　ダイヤモンド社
『幸之助論』　ジョン・P・コッター著　金井壽宏監修　ダイヤモンド社
『本物のリーダーとは何か』　ウォレン・ベニス著　伊東奈美子訳　海と月社
『イオン人本主義の成長経営哲学』　東海友和著　ソニー・マガジンズ
『プロフェッショナルの条件』　P・F・ドラッカー著　上田惇生訳　ダイヤモンド社
『フロー体験とグッドビジネス』　M・チクセントミハイ著　大森弘訳　世界思想社
『世界で最もイノベーティブな組織の作り方』　山口周著　光文社新書
『劣化するオッサン社会の処方箋』　山口周著　光文社新書
『世界のエリートはなぜ「美意識」を鍛えるのか？』　山口周著
『AI面接#採用』　山﨑俊明著　東京堂出版
『ニュータイプの時代』　山口周著　ダイヤモンド社

『会社の老化は止められない』　細谷功著　亜紀書房
『仕事の哲学』　P・F・ドラッカー著　上田惇生訳　ダイヤモンド社
『ビジョナリー カンパニー』　ジム・コリンズ、ジェリー・ポラス著　山岡洋一訳　日経BP社
『幸福の「資本」論』　橘玲著　ダイヤモンド社
『態度的人間』　本明寛著　ダイヤモンド社
『テイクチャージ 選択理論で人生の舵を取る』　ウイリアム・グラッサー著　柿谷正期訳　アチーブメント出版
『プロフェッショナルの働き方』　高橋俊介著　PHPビジネス新書
『ハーバード・ビジネス・レビューBEST10論文』　ハーバード・ビジネス・レビュー編集部　ダイヤモンド社
『DIAMOND ハーバード・ビジネス・レビュー：特集 戦略人事』　2015年12月号　ダイヤモンド社
小嶋千鶴子講演会記録等

著者紹介

東海 友和（とうかい ともかず）

三重県生まれ。岡田屋（現イオン株式会社）にて人事教育を中心に総務・営業・店舗開発・新規事業・経営監査などを経て、創業者小嶋千鶴子氏の私設美術館の設立にかかわる。美術館の運営責任者として数々の企画展をプロデュース、後に公益財団法人岡田文化財団の事務局長を務める。その後独立して現在株式会社東和コンサルティングの代表取締役、公益法人・一般企業のマネジメントと人と組織を中心にコンサル活動をしている。特に永年創業経営者に師事した経験から得た、企業経営の真髄をベースにした経営と現場がわかるディープ・ゼネラリストを目指し活動を続けている。
モットーは「日計足らず、年計余りあり」。

著書に『イオンを創った女』プレジデント社、『イオン人本主義の成長経営哲学』ソニー・マガジンズ、『商業基礎講座』（全5巻）（非売品、中小企業庁所管の株式会社全国商店街支援センターからの依頼で執筆した商店経営者のためのテキスト）がある。

カバー写真提供：株式会社東畑建築事務所

イオンを創った女の仕事学校
ー小嶋千鶴子の教えー

2019年11月1日　第1刷発行

著　　者　東海 友和
発 行 者　長坂 嘉昭
発 行 所　株式会社プレジデント社
〒102-8641　東京都千代田区平河町2-16-1
平河町森タワー13階
http://www.president.co.jp/
電話：編集 (03)3237-3732　販売 (03)3237-3731
販　　売　高橋 徹　川井田 美景　森田 巌　末吉 秀樹　神田 泰宏　花坂 稔
編　　集　桂木 栄一
編集協力　有限会社メディア・サーカス
装　　丁　竹内雄二
制　　作　関 結香

印刷・製本　図書印刷株式会社

ISBN978-4-8334-2338-0
Printed in Japan